ADGG029PO

GESTIÓN DOCUMENTAL Y ARCHIVOS

ADGG029PO

GESTIÓN DOCUMENTAL Y ARCHIVOS

MÓNICA GONZÁLEZ MARTÍN

La ley prohíbe
fotocopiar este libro

ADGG029PO - GESTIÓN DOCUMENTAL Y ARCHIVOS
Código THEMA: KJMV – Gestión de documentos y registros
Código BISAC: BUS108000 – Business & Economics / Information Management
© Mónica González Martín
© De la edición: Ra-Ma 2025

Editado por:
RA-MA Editorial
Calle Jarama, 3A, Polígono Industrial Igarsa
28860 PARACUELLOS DE JARAMA, Madrid
Teléfono: 91 658 42 80
Fax: 91 662 81 39
Correo electrónico: *info@grupoeditorialrama.com*
Internet: *www.ra-ma.es* y *www.ra-ma.com*
ISBN impreso: 979-13-8805-908-7
Depósito legal:M-23903-2025
Maquetación: Antonio García Tomé
Diseño de portada: Antonio García Tomé
Filmación e impresión: Safekat
Impreso en España en noviembre de 2025

Para mi bichito.

Índice

INTRODUCCIÓN **9**

CAPÍTULO 1. GESTIÓN DE ARCHIVOS PÚBLICOS Y PRIVADOS **11**

1.1 LA GESTIÓN DE ARCHIVOS EN LA EMPRESA..12
    1.1.1 Importancia en la organización administrativa..................................13
    1.1.2 Diferencias entre archivos públicos y privados.................................15

1.2 TÉCNICAS DE ARCHIVO DOCUMENTAL...16
    1.2.1 Sistemas de clasificación y ordenación 18
    1.2.2 Finalidad y objetivos del archivo...19
    1.2.3 Índices de archivo y su actualización...23
    1.2.4 Uso de manuales de ayuda en archivística..26
    1.2.5 Detección de problemas de organización y propuestas de mejora..29

1.3 PROCEDIMIENTOS DE REGISTRO Y ARCHIVO 33
    1.3.1 Identificación de soportes, mobiliario y útiles de archivo 33
    1.3.2 Contenedores y su función...36
    1.3.3 Reproducción y cotejo de información: del papel al formato digital 37

1.4 ACCESO, BÚSQUEDA Y RECUPERACIÓN DE LA INFORMACIÓN ARCHIVADA...39
    1.4.1 Procedimientos de búsqueda y consulta 39
    1.4.2 Actualización, conservación y custodia de la información.............40

1.5 SISTEMAS OPERATIVOS Y GESTIÓN DE ARCHIVOS ELECTRÓNICOS..........42
    1.5.1 Funciones y características de los sistemas operativos 45
    1.5.2 Creación, copia y eliminación de archivos y carpetas.....................47
    1.5.3 Configuración de objetos en el sistema operativo 48

1.6 PROTECCIÓN DE ACCESOS Y SEGURIDAD DOCUMENTAL............................51
    1.6.1 Niveles de protección en archivos físicos e informáticos..............52
    1.6.2 Uso de contraseñas y atributos de acceso 53
    1.6.3 Autorizaciones de acceso y detección de errores en el procedimiento 57

1.7 CONFIDENCIALIDAD Y PROTECCIÓN DE DATOS...63
    1.7.1 Normativa vigente sobre protección de datos...................................64
    1.7.2 Copias de seguridad y conservación documental.............................67

1.8 CUESTIONARIO – CAPÍTULO 1...71

CAPÍTULO 2. OPTIMIZACIÓN BÁSICA DE UN SISTEMA DE ARCHIVO ELECTRÓNICO **75**

2.1 EQUIPOS INFORMÁTICOS PARA LA GESTIÓN DE ARCHIVOS 76
    2.1.1 Puesta en marcha, mantenimiento y revisión periódica.................76
    2.1.2 Elementos de hardware: CPU, almacenamiento y periféricos.......80
    2.1.3 Componentes de redes locales y supervisión de conexiones......84
    2.1.4 Elementos de software: instalación, actualización y desinstalación 88

| | 2.1.5 | Equipos de reproducción documental | 92 |

2.2 OPTIMIZACIÓN DE SISTEMAS OPERATIVOS 96
- 2.2.1 Monousuario, multiusuario y en red: características básicas 98
- 2.2.2 Monousuario, multiusuario y en red: características básicas 100
- 2.2.3 Funciones y comandos esenciales 106
- 2.2.4 Herramientas integradas en el sistema operativo 111

2.3 SISTEMAS OPERATIVOS EN REDES LOCALES 128
- 2.3.1 Configuración básica de un sistema en red 131
- 2.3.2 Actualización y mantenimiento 135
- 2.3.3 Acciones para compartir recursos en red 138

2.4 SEGURIDAD Y CONFIDENCIALIDAD EN SISTEMAS OPERATIVOS 142
- 2.4.1 Programas de protección: antivirus, firewall, antispam y otros...144
- 2.4.2 Conservación e integridad de la información archivada 149
- 2.4.3 Protección de la propiedad intelectual y derechos de autor 153
- 2.4.4 Normativa vigente sobre seguridad y confidencialidad electrónica 157

2.5 CUESTIONARIO – CAPÍTULO 2 161

CAPÍTULO 3. GESTIÓN BÁSICA DE INFORMACIÓN EN SISTEMAS GESTORES DE BASES DE DATOS **165**

3.1 LAS BASES DE DATOS 166
- 3.1.1 Definición, tipos y características 167
- 3.1.2 Estructura básica de una base de datos 170
- 3.1.3 Funciones y utilidades 174
- 3.1.4 Organización de la información 182
- 3.1.5 Uso de asistentes para configuración inicial 185

3.2 MANTENIMIENTO DE INFORMACIÓN EN APLICACIONES DE BASES DE DATOS 189
- 3.2.1 Introducción de información 189
- 3.2.2 Ordenación de registros 190
- 3.2.3 Asistentes para formularios de introducción de información 191
- 3.2.4 Actualización de datos 191

3.3 BÚSQUEDAS DE INFORMACIÓN EN APLICACIONES DE BASES DE DATOS..192
- 3.3.1 Uso de filtros 193
- 3.3.2 Consultas básicas y avanzadas 197
- 3.3.3 Asistentes de consultas y herramientas complementarias 201

3.4 PRESENTACIÓN DE LA INFORMACIÓN 204
- 3.4.1 Elaboración de informes 205
- 3.4.2 Asistentes para la creación de informes 206
- 3.4.3 Exportación y presentación en otros formatos 207

3.5 INTERRELACIÓN CON OTRAS APLICACIONES 208
- 3.5.1 Conexión con hojas de cálculo y procesadores de texto 209
- 3.5.2 Vinculación con sistemas de gestión empresarial 210

3.6 SEGURIDAD Y CONFIDENCIALIDAD EN BASES DE DATOS 212
- 3.6.1 Normativa vigente sobre protección de datos 213
- 3.6.2 Procedimientos de seguridad en el manejo de información 214

3.7 CUESTIONARIO – CAPÍTULO 3 217

Introducción

La gestión documental y el control de la información constituyen una de las funciones clave en cualquier organización moderna, independientemente de su tamaño o sector de actividad. Tanto en la empresa privada como en la administración pública, disponer de un sistema de archivo eficiente, optimizado y seguro es un requisito esencial para garantizar la continuidad del negocio, cumplir con las obligaciones legales y facilitar la toma de decisiones.

En la actualidad, el volumen de datos que se genera y se procesa en las organizaciones crece de manera exponencial. A los tradicionales documentos en papel se suman los archivos electrónicos, los registros contables digitalizados, los correos electrónicos, las bases de datos y un sinfín de soportes que exigen nuevas competencias de gestión. Este cambio ha transformado por completo la manera de organizar, conservar y custodiar la información, obligando a integrar herramientas informáticas, normas de seguridad y criterios de confidencialidad en la práctica diaria.

Este manual ofrece una visión integral y didáctica de los tres grandes bloques de conocimiento necesarios para desenvolverse con solvencia en este ámbito:

- **Gestión de archivos públicos y privados**: se abordan las técnicas clásicas de archivo documental, los procedimientos de registro, acceso y recuperación de la información, y las medidas de seguridad necesarias para garantizar la confidencialidad y la protección de datos. También, se estudian los sistemas operativos desde el punto de vista de su aplicación a la organización de archivos electrónicos.

- **Optimización básica de sistemas de archivo electrónico**: se analiza el papel de los equipos informáticos, tanto en sus elementos de hardware como de software, así como las acciones necesarias para el mantenimiento y la prevención de anomalías. Se explican los fundamentos de los sistemas operativos monousuario, multiusuario y en red, junto con las medidas de seguridad informática indispensables para proteger la integridad de los datos y los derechos de autor.

▼ **Gestión básica de información en bases de datos**: se introduce al lector en el mundo de los sistemas gestores de bases de datos, explicando su estructura, funciones y aplicaciones prácticas. Se detallan los procedimientos de introducción, actualización, consulta y presentación de la información, así como la interrelación con otras aplicaciones de uso cotidiano en la empresa.

A lo largo de sus capítulos, el libro combina la teoría con ejemplos prácticos, cuadros comparativos, esquemas explicativos y actividades de autoevaluación, con el objetivo de que el lector no solo adquiera conocimientos, sino también competencias aplicables en su entorno laboral.

La normativa vigente en materia de **protección de datos y seguridad de la información** atraviesa de forma transversal toda la obra, ya que constituye uno de los pilares de la gestión documental en el siglo XXI. El cumplimiento de estas obligaciones legales no es solo una cuestión formal, sino una garantía de confianza frente a clientes, proveedores y organismos públicos.

Este manual está concebido como una herramienta de aprendizaje progresivo, especialmente orientada a estudiantes de formación profesional, opositores y profesionales en activo que deseen actualizar sus conocimientos. Al finalizar su estudio, el lector será capaz de:

▼ Organizar y conservar archivos físicos y digitales con criterios técnicos.

▼ Implementar medidas de seguridad y confidencialidad en el acceso a la información.

▼ Optimizar sistemas de archivo electrónico y gestionar recursos informáticos básicos.

▼ Administrar de forma correcta y segura información contenida en bases de datos.

En definitiva, se trata de una guía práctica que responde a las necesidades reales de las organizaciones y que prepara al profesional para desempeñar con eficacia una de las funciones administrativas más relevantes en la era digital: la gestión segura, ordenada y estratégica de la información.

1

Gestión de archivos públicos y privados

La gestión de archivos constituye un eje esencial dentro de la organización administrativa moderna. En un entorno en el que la información se genera y circula de forma constante, disponer de sistemas eficaces para clasificar, conservar y recuperar documentos se convierte en una condición imprescindible para garantizar la **eficiencia, la transparencia y la seguridad jurídica** tanto en entidades públicas como privadas.

No se trata únicamente de almacenar papeles o ficheros electrónicos: la gestión archivística implica **planificación, organización y control** de los documentos a lo largo de todo su ciclo de vida. Desde que un documento nace (una factura, un contrato, un expediente, un correo electrónico) hasta su conservación o eliminación, debe seguir un proceso que asegure su utilidad, legalidad y accesibilidad.

En este capítulo se abordarán los fundamentos teóricos y prácticos que permiten entender el papel de los archivos en las organizaciones. Se hará especial énfasis en:

- La **importancia de los archivos** como herramienta de gestión administrativa.

- Las **diferencias entre archivos públicos y privados**, en función de su titularidad, normativa y finalidad.

- Las **técnicas de archivo documental**, que permiten clasificar, ordenar y mantener actualizada la información.

▸ Los **procedimientos de acceso, consulta y conservación**, tanto en sistemas convencionales como informáticos.

▸ Las **medidas de seguridad y confidencialidad** que aseguran la protección de datos y el cumplimiento de la normativa vigente.

De este modo, el estudiante podrá adquirir una visión integral sobre cómo se gestiona la información archivada en cualquier organización, comprendiendo su utilidad no solo en el plano administrativo, sino también en el legal, histórico y estratégico.

1.1 LA GESTIÓN DE ARCHIVOS EN LA EMPRESA

La gestión de archivos constituye uno de los pilares fundamentales en cualquier organización, ya sea pública o privada. Los archivos no son meros depósitos de documentos: son el soporte sobre el cual se construye la memoria administrativa, legal y operativa de una entidad.

A través de ellos se garantiza la trazabilidad de las actuaciones, la transparencia en los procesos y la posibilidad de acceder a la información cuando se necesita.

En el ámbito empresarial, una correcta gestión archivística permite responder de manera rápida a clientes, proveedores o instituciones, minimizando riesgos derivados de pérdidas de información o incumplimientos normativos.

En la Administración pública, por su parte, los archivos aseguran la continuidad del servicio, la protección de derechos ciudadanos y el cumplimiento de la legislación vigente en materia de documentación y acceso a la información.

La evolución tecnológica ha transformado profundamente este ámbito. Los archivos ya no se limitan a expedientes en papel, sino que integran documentos digitales, bases de datos y sistemas de almacenamiento en red. Esta transformación plantea nuevas exigencias: desde la adopción de software especializado hasta la aplicación de protocolos de seguridad que protejan la confidencialidad de los datos.

En este punto introductorio se abordará la relevancia de los archivos dentro de la organización, estableciendo las diferencias principales entre archivos públicos y privados, y sentando las bases para comprender cómo se estructuran, clasifican y gestionan en el día a día.

Con ello, el estudiante podrá valorar su papel estratégico en la gestión administrativa y reconocer la necesidad de implantar buenas prácticas archivísticas como parte esencial de cualquier entidad.

1.1.1 Importancia en la organización administrativa

La gestión de archivos constituye uno de los pilares fundamentales en el funcionamiento de cualquier organización, ya sea pública o privada. Un archivo no es únicamente un conjunto de documentos almacenados, sino un **sistema organizado de información** que permite garantizar la trazabilidad, la transparencia y la continuidad de la actividad administrativa.

En la vida diaria de una empresa, por ejemplo, los documentos permiten demostrar el cumplimiento de obligaciones fiscales, justificar operaciones contables, acreditar la relación laboral de los trabajadores o dar soporte legal a contratos y acuerdos comerciales. En el ámbito de la Administración pública, los archivos garantizan que los ciudadanos puedan ejercer su derecho de acceso a la información, que se cumplan los principios de publicidad y transparencia y que las decisiones de los órganos de gobierno puedan revisarse en cualquier momento.

La importancia de la gestión documental puede resumirse en tres funciones esenciales:

▸ **Función administrativa:** los documentos sirven como prueba de las actuaciones realizadas y facilitan la toma de decisiones.

▸ **Función jurídica:** actúan como respaldo legal frente a reclamaciones o litigios, al acreditar derechos y obligaciones.

▸ **Función histórica y cultural:** en el caso de los archivos públicos, los documentos adquieren valor patrimonial, ya que conservan la memoria colectiva de la sociedad.

Ejemplo

Una pyme que organiza correctamente sus facturas y contratos puede atender una inspección de la Agencia Tributaria de forma rápida y sin sanciones. Por el contrario, si carece de un sistema de archivo eficiente, puede verse obligada a realizar búsquedas manuales interminables, con el riesgo de perder documentos clave.

Beneficios de una adecuada gestión de archivos

Beneficio principal	Ejemplo
Rapidez en la localización.	Encontrar un contrato en segundos gracias a un sistema de clasificación digital.
Cumplimiento normativo.	Conservar facturas durante los plazos exigidos por la Ley General Tributaria.
Seguridad de la información.	Proteger datos personales conforme a la LOPDGDD y al Reglamento Europeo de Protección.
Continuidad de la actividad.	Acceder a documentos digitales tras un siniestro gracias a copias de seguridad.

1.1.2 Diferencias entre archivos públicos y privados

Aunque los principios de organización archivística son comunes, es necesario distinguir entre **archivos públicos** y **archivos privados**, ya que responden a finalidades y normativas diferentes.

1. **Archivos públicos:**

   - Son gestionados por Administraciones públicas (ministerios, ayuntamientos, universidades, hospitales, etc.).

   - Están regulados por normas específicas, como la Ley 16/1985 del Patrimonio Histórico Español y la Ley 19/2013 de Transparencia, acceso a la información pública y buen gobierno.

   - Su finalidad trasciende la gestión administrativa: cumplen una función social, cultural y de conservación histórica.

   - Su acceso está garantizado a los ciudadanos, salvo en casos de información reservada o protegida por motivos de seguridad o privacidad.

Ejemplo

Los archivos municipales custodian los padrones de habitantes, registros de acuerdos plenarios y licencias urbanísticas, todos ellos accesibles bajo condiciones de consulta.

2. **Archivos privados:**

   - Son gestionados por empresas, asociaciones, colegios profesionales o particulares.

   - Su regulación deriva del Código Civil, el Código de Comercio y la normativa laboral y fiscal que obliga a conservar ciertos documentos durante plazos mínimos.

   - Su finalidad es eminentemente operativa y de respaldo legal.

   - El acceso es restringido, limitado a empleados, socios o personas autorizadas.

Ejemplo

En una empresa, los contratos con proveedores o las nóminas de los trabajadores son parte del archivo privado, y su consulta solo corresponde a personal autorizado.

Diferencias entre archivos públicos y privados

Aspecto	Archivos públicos	Archivos privados
Titularidad.	Administraciones públicas (Estado, CCAA, municipios).	Empresas, asociaciones, particulares.
Finalidad.	Gestión administrativa + conservación histórica y cultural.	Gestión operativa y respaldo legal.
Regulación normativa.	Ley 16/1985, Ley 19/2013, normativas autonómicas.	Código de Comercio, normativa fiscal y laboral.
Acceso.	Generalmente público, con limitaciones por protección de datos.	Restringido a personas autorizadas.
Valor documental.	Administrativo, jurídico, histórico y patrimonial.	Administrativo y jurídico principalmente.

Nota

Un buen profesional debe saber identificar si un documento pertenece a un archivo público o privado, ya que de ello dependerán los plazos de conservación, el acceso permitido y el tratamiento de seguridad de la información.

1.2 TÉCNICAS DE ARCHIVO DOCUMENTAL

La gestión de documentos en una organización no es un simple acto de almacenar papeles o archivos digitales. Se trata de un **proceso estratégico**, que garantiza que la información esté disponible, organizada, segura y actualizada para su uso cuando se necesite.

En este sentido, el archivo cumple un doble papel:

1. **Conservar la memoria institucional**: ya que un documento puede ser requerido muchos años después de haberse generado.

2. **Apoyar la toma de decisiones**: porque disponer de la información correcta, en el momento oportuno, permite trabajar con mayor eficacia y competitividad.

Para cumplir con esta misión, se aplican técnicas específicas que abarcan desde la **clasificación y ordenación** de los documentos, hasta la elaboración de **índices de consulta**, el empleo de **manuales internos de archivística** y la implantación de **sistemas de mejora continua**.

Un buen sistema archivístico es aquel que logra responder con rapidez y precisión a cuestiones tan prácticas como:

- ¿Dónde se encuentra un expediente determinado?
- ¿Quién tiene autorización para consultarlo?
- ¿Qué tiempo debe conservarse antes de ser eliminado?
- ¿Qué medidas garantizan la seguridad de la información contenida?
- ¿Cómo se corrigen los fallos detectados en el sistema?

A continuación, se desarrollan las principales técnicas de archivo documental que todo profesional administrativo debe dominar.

1.2.1 Sistemas de clasificación y ordenación

La **clasificación** consiste en **agrupar documentos siguiendo un criterio lógico** (nombre, número, fecha, tema, etc.), mientras que la **ordenación** establece la **secuencia interna de cada grupo**.

Ambos procesos son inseparables: un archivo mal clasificado o desordenado se convierte en inservible, aunque conserve todos los documentos.

Principales sistemas de clasificación

Sistema	Características	Ventajas	Inconvenientes	Ejemplo de uso
Alfabético	Los documentos se agrupan por orden de nombres propios o entidades.	Fácil de aplicar, comprensible para todos.	Riesgo de confusión en apellidos.	Archivo de clientes o proveedores.
Numérico	Se asigna un número a cada expediente.	Ocupa poco espacio en etiquetas	Requiere un índice auxiliar para localizar.	Expedientes de personal numerados.
Cronológico	Se ordena por fechas de emisión o recepción.	Muy útil para correspondencia y facturas.	Puede complicar la búsqueda si no se conoce la fecha exacta.	Registro de facturas recibidas.
Geográfico	Los documentos se agrupan por ubicación territorial.	Permite analizar información por áreas o delegaciones.	Poca utilidad si no se tiene referencia territorial.	Archivos de oficinas provinciales.
Temático	Clasificación por materias o asuntos.	Flexible y adaptable a cualquier organización.	Riesgo de dispersión si no se definen bien los temas.	Expedientes de "fiscalidad", "laboral", "comercial".
Mixto	Combina dos o más criterios.	Ofrece mayor precisión.	Más complejo de mantener.	Clientes clasificados por provincia y número correlativo.

Ejemplo

Un despacho profesional recibe diariamente decenas de facturas de proveedores. Para gestionarlas, aplica un sistema **cronológico** dentro de carpetas **temáticas** (electricidad, suministros, alquileres). De este modo, se puede localizar rápidamente una factura tanto por fecha como por tipo de gasto.

1.2.2 Finalidad y objetivos del archivo

El archivo no debe concebirse como un simple almacén donde se acumulan documentos, carpetas o soportes digitales. Muy al contrario, constituye un **sistema organizado de información**, cuyo valor estratégico es comparable al de cualquier otro recurso de la empresa, como la tesorería, los recursos humanos o la infraestructura tecnológica.

En el entorno actual, caracterizado por la rapidez en los procesos administrativos, la exigencia legal en materia de protección de datos y la necesidad de decisiones empresariales basadas en información fiable, la correcta gestión del archivo resulta **imprescindible para garantizar la continuidad operativa y la competitividad**.

Podemos decir que el archivo cumple una triple función:

1. **Función administrativa**: asegurar la disponibilidad inmediata de la información necesaria para realizar tareas diarias.

2. **Función legal**: conservar los documentos que sirven como prueba en procedimientos judiciales, fiscales o laborales.

3. **Función histórica o patrimonial**: preservar la memoria y el conocimiento acumulado de la organización.

A continuación, se desarrollan sus objetivos esenciales.

Objetivos esenciales del archivo

1. **Disponibilidad**

   La primera exigencia de cualquier sistema de archivo es que la información esté disponible **en el momento en que se necesita**.

   - No sirve de nada conservar miles de documentos si no se pueden localizar de forma ágil.
   - El tiempo empleado en buscar información se traduce en costes ocultos para la empresa.

Ejemplo

Un responsable de recursos humanos necesita acceder de forma urgente al contrato laboral de un trabajador para presentarlo en una inspección. Si el archivo está bien organizado, puede encontrarlo en cuestión de minutos, ya sea en soporte físico o digital.

---

2. **Conservación**

   Los documentos deben mantenerse en buen estado durante todo el tiempo que marque la legislación o que la organización considere útil.

   - En archivos físicos, la conservación implica utilizar mobiliario adecuado, condiciones de temperatura y humedad controladas, y procedimientos de manipulación seguros.
   - En archivos digitales, requiere realizar **copias de seguridad periódicas**, actualizaciones tecnológicas y migración de soportes cuando sea necesario.

Ejemplo

Una factura emitida en 2020 debe conservarse al menos seis años, según el Código de Comercio. Si el documento se deteriora o se pierde antes de ese tiempo, la empresa puede enfrentarse a sanciones en una inspección.

---

3. Confidencialidad

El archivo es depositario de datos sensibles: nóminas, historiales médicos de trabajadores, información financiera, contratos, etc. Proteger estos documentos de accesos indebidos no es solo una buena práctica, sino una **obligación legal recogida en el Reglamento General de Protección de Datos (RGPD)** y la Ley Orgánica de Protección de Datos (LOPDGDD).

- En archivos físicos: implica restringir el acceso a salas y armarios, disponer de sistemas de cerraduras o claves y registrar los préstamos de documentos.

- En archivos digitales: se aplican contraseñas, cifrado de archivos, niveles de acceso por usuario y auditorías de seguridad.

Ejemplo

Si las nóminas de los empleados quedan accesibles a cualquier trabajador en una carpeta compartida sin control, la empresa estaría vulnerando gravemente la normativa de protección de datos.

---

4. Fiabilidad

Un archivo debe garantizar que los documentos que custodia son **auténticos, completos y verificables**. Esto permite utilizarlos como pruebas válidas en procedimientos de control interno o externo, auditorías, litigios o reclamaciones.

- La fiabilidad se logra mediante el registro adecuado de la entrada y salida de documentos, la conservación de copias íntegras y la aplicación de sistemas de trazabilidad.

- Los justificantes electrónicos con **Código Seguro de Verificación (CSV)** son un ejemplo de garantía de fiabilidad en la Administración pública.

Ejemplo

Durante una auditoría financiera, los auditores solicitan las facturas emitidas a un cliente en 2021. Si el archivo entrega documentos completos, con su correspondiente número de asiento y justificante de envío, la empresa demostrará transparencia y rigor contable.

5. Eficiencia

Un archivo bien gestionado permite **ahorrar espacio, tiempo y recursos**.

- Se evitan duplicidades de documentos.
- Se reducen los costes de almacenamiento.
- Se optimizan los procesos de búsqueda, consulta y actualización.

Ejemplo

En lugar de guardar diez copias impresas de un contrato, basta con conservar un original firmado en papel y una copia digital certificada en el sistema de gestión documental.

Finalidad última del archivo

Más allá de sus objetivos inmediatos, un archivo bien gestionado se convierte en un **activo de valor añadido** para la organización.

- ▸ **Cumplimiento normativo**: garantiza que la empresa actúa conforme a la legislación vigente (fiscal, laboral, mercantil, de protección de datos).

- ▸ **Mejora administrativa**: agiliza procesos internos como facturación, gestión de personal o atención al cliente.

- ▸ **Apoyo financiero**: facilita la presentación de documentación ante bancos o inversores, generando confianza.

▼ **Valor estratégico**: la información archivada se convierte en fuente de conocimiento para planificar proyectos, analizar tendencias y tomar decisiones fundamentadas.

Nota

Podemos concluir que el archivo es un auténtico **sistema nervioso documental** de la organización. Si falla, se paralizan los procesos y se multiplican los riesgos. En cambio, si funciona correctamente, aporta seguridad, confianza y competitividad.

Objetivos del archivo

Objetivo	Descripción	Ejemplo
Disponibilidad.	Localizar la información de forma inmediata.	Localizar un contrato en minutos para una inspección.
Conservación.	Mantener documentos íntegros y accesibles durante el tiempo legal.	Guardar facturas 6 años según Código de Comercio.
Confidencialidad.	Proteger información sensible de accesos indebidos.	Nóminas restringidas a RR. HH.
Fiabilidad.	Garantizar autenticidad y validez de los documentos.	Facturas con CSV válidas en auditoría.
Eficiencia.	Evitar duplicidades y reducir costes de gestión.	Usar un original + copia digital en lugar de 10 impresiones.

1.2.3 Índices de archivo y su actualización

Un archivo sin índice es como una **biblioteca sin catálogo**: la información existe, pero resulta prácticamente inaccesible. El índice es el **instrumento de localización y referencia** que permite identificar de manera rápida dónde se encuentra cada documento, expediente o carpeta dentro del sistema de archivo.

En la práctica archivística, el índice es la **puerta de entrada al archivo**, y su fiabilidad determina en gran medida la eficiencia de la gestión documental.

Tipos de índices más comunes:

1. Índice alfabético

- Ordena los documentos por orden alfabético (ejemplo: clientes, proveedores, instituciones).
- Útil cuando se consulta con frecuencia información por nombre propio o denominación social.

Ejemplo

"Transportes Marín" aparecerá en la sección T, "Almacenes López" en la A.

2. Índice numérico

- Los expedientes reciben un número correlativo y se consultan en función de esa numeración.
- Muy práctico para expedientes judiciales, facturas o registros de entrada.

Ejemplo

Factura 2024/0001, Factura 2024/0002, etc.

3. Índice cronológico

- Ordena los documentos por la fecha en que fueron emitidos, recibidos o archivados.
- Recomendado en procesos que requieren secuencia temporal (p. ej. actas, resoluciones, contratos).

4. Índice digital

- Gestionado mediante bases de datos o sistemas de gestión documental (SGD).

- Permite vincular directamente el registro del índice con el documento electrónico.

Ejemplo

En un gestor documental, al introducir "Factura 2024/0002", se abre automáticamente el PDF digitalizado.

Importancia de la actualización del índice

Un índice desactualizado provoca **errores, confusión y pérdida de tiempo**. Por ello, debe mantenerse vivo, incorporando cada alta, baja o modificación en tiempo real.

Buenas prácticas en actualización:

- Todo nuevo documento debe reflejarse en el índice en el momento de su registro.

- Los documentos eliminados por **expurgo** deben suprimirse también del índice.

- Los cambios en la estructura organizativa (p. ej. creación de una nueva categoría temática) deben reflejarse de inmediato.

Ejemplo

En un archivo alfabético de clientes, si se da de baja "Transportes Marín" y no se elimina del índice, seguirá apareciendo como activo en las búsquedas, lo que generará confusión y pérdida de tiempo en futuras consultas.

Tipos de índices y utilidad

Tipo de índice	Características principales	Uso recomendado
Alfabético.	Orden por nombres o materias.	Clientes, proveedores, instituciones.
Numérico.	Numeración correlativa.	Facturas, expedientes, registros de entrada.
Cronológico.	Orden por fechas.	Actas, resoluciones, contratos.
Digital.	Bases de datos y enlaces directos al documento.	Archivos electrónicos, gestión integral.

1.2.4 Uso de manuales de ayuda en archivística

Los **manuales de ayuda archivística** son documentos internos que establecen las normas y procedimientos que debe seguir todo el personal que trabaja con archivos. Su finalidad es asegurar que la gestión documental se realice de manera **homogénea, ordenada y conforme a la normativa vigente**.

Se convierten así en una guía de referencia para prevenir errores, garantizar la trazabilidad de la documentación y mantener la coherencia en el tiempo, incluso aunque cambien los responsables del archivo.

Contenido habitual de un manual archivístico

- **Descripción de los sistemas de clasificación empleados**: explica si el archivo es alfabético, numérico, cronológico o digital.
- **Normas para la creación, ordenación y conservación de documentos**: estandariza cómo se nombran las carpetas, en qué soportes se guardan, y por cuánto tiempo.

Tipo de documento	Plazo de conservación	Observaciones
Facturas.	6 años.	Según el *Código de Comercio* y la *Ley General Tributaria*.
Nóminas.	4 años.	Obligación establecida por la *Ley sobre Infracciones y Sanciones en el Orden Social (LISOS)*.
Expedientes laborales.	Hasta 5 años tras la baja del trabajador.	Recomendado para atender posibles reclamaciones o inspecciones.

▼ **Plazos legales de conservación**: define la permanencia de cada tipo documental según la normativa vigente.

▼ **Protocolos de acceso y consulta**: determina quién puede acceder a qué tipo de documento, con qué autorizaciones y bajo qué registro de control.

▼ **Digitalización y copias de seguridad**: establece formatos estándar de escaneo, frecuencia de copias y ubicación de los respaldos.

▼ **Procedimientos de expurgo y destrucción segura**: especifica cuándo y cómo destruir documentos para cumplir con la Ley de Protección de Datos (destrucción certificada, borrado seguro de archivos digitales).

Ejemplo

Un manual de archivo en una empresa puede indicar que:

▼ Las facturas se archivan cronológicamente por trimestres.

▼ Se conservan en archivo activo durante **2 años**.

▼ Posteriormente se trasladan a archivo pasivo durante **2 años más**.

▼ Pasado ese plazo, deben ser destruidas de forma **segura y certificada** para garantizar el cumplimiento de la normativa de protección de datos.

Problemas frecuentes:

▰ Documentos mal clasificados o duplicados.

▰ Índices obsoletos o incompletos.

▰ Espacios físicos saturados.

▰ Sistemas digitales desorganizados (carpetas sin criterio, nombres confusos).

▰ Falta de control en los accesos.

Propuestas de mejora:

▰ Auditorías internas periódicas del archivo.

▰ Digitalización con metadatos estandarizados.

▰ Revisión y depuración de índices.

▰ Uso de software de gestión documental (ERP, GED).

▰ Formación continua en técnicas de archivo para el personal administrativo.

Ciclo de mejora en el archivo documental

Fase	Descripción	Resultado esperado
Detección.	Identificación de errores o fallos en el sistema.	Reconocimiento de problemas reales.
Propuesta.	Diseño de soluciones concretas.	Plan de mejora.
Implementación.	Aplicación de las medidas correctivas.	Nuevo sistema más eficiente.
Evaluación.	Revisión de resultados alcanzados.	Confirmación de mejoras.
Reinicio.	Nuevos ajustes según las necesidades.	Archivo dinámico y actualizado.

Importante

Archivar no es guardar: es organizar estratégicamente la información para que siempre esté disponible, segura y útil.

1.2.5 Detección de problemas de organización y propuestas de mejora

Ningún sistema de archivo es perfecto ni está libre de incidencias. Aunque se diseñe de acuerdo con las mejores prácticas, el uso cotidiano, la entrada constante de nuevos documentos y la evolución de la propia organización hacen que aparezcan errores, desajustes o deficiencias que deben corregirse. La **detección temprana de estos problemas y la aplicación de medidas de mejora continua** son fundamentales para asegurar que el archivo cumpla siempre su función estratégica: conservar, organizar y poner a disposición la información de manera fiable, accesible y segura.

Un archivo mal gestionado no solo entorpece el trabajo administrativo, sino que también puede generar **riesgos legales, económicos y reputacionales**. Por ejemplo, conservar documentos durante más tiempo del debido incumpliendo la normativa de protección de datos puede acarrear sanciones, mientras que la pérdida de documentos clave puede dejar a la empresa indefensa ante una inspección o litigio.

A continuación, se describen los principales problemas que suelen detectarse en la gestión de archivos, acompañados de propuestas de mejora que permiten mantener el sistema actualizado, seguro y eficiente.

Problemas comunes en la organización de archivos

1. **Sobrecarga documental**

    Con el tiempo, los archivos tienden a saturarse de documentos que ya no son útiles o cuyo plazo legal de conservación ha vencido. Esto genera **espacios innecesariamente ocupados, mayor dificultad de búsqueda y costes añadidos de almacenamiento**.

Ejemplo

Carpetas con facturas de hace más de 10 años que ya no tienen valor fiscal ni legal, pero siguen ocupando espacio físico o digital.

---

2. Desactualización del índice

Si el índice del archivo no se mantiene actualizado, los registros dejan de reflejar la situación real de los documentos. Un índice obsoleto provoca **confusión, pérdidas de tiempo en las búsquedas y duplicación de esfuerzos**.

Ejemplo

Un cliente dado de baja que sigue apareciendo en el índice como activo.

3. Clasificación incoherente

La falta de criterios uniformes en la clasificación hace que un mismo tipo de documento aparezca en categorías diferentes, lo que genera **desorden y dificultades de localización**.

Ejemplo

Las nóminas de los empleados archivadas unas veces en "Recursos Humanos" y otras en "Contabilidad".

4. Acceso inadecuado

En algunos sistemas, la información sensible está disponible para cualquier empleado, lo que constituye un **riesgo de confidencialidad y protección de datos**.

Ejemplo

Nóminas o expedientes disciplinarios que pueden ser consultados por cualquier usuario de la red sin restricción.

5. Falta de digitalización

Cuando los archivos se mantienen solo en formato papel, se dificulta el acceso remoto, la trazabilidad y la protección frente a desastres (incendios, inundaciones, deterioro físico).

Ejemplo

Contratos guardados únicamente en archivadores físicos, sin respaldo digital.

Propuestas de mejora

Para superar estas incidencias, es necesario implementar medidas correctivas y preventivas que aseguren la calidad de la gestión documental:

1. Expurgo periódico

- Definir un calendario de expurgo adaptado a la normativa legal y a las necesidades de la empresa.

- Establecer criterios claros de qué conservar y qué destruir.

- Asegurar que la destrucción de documentos se realice de forma certificada en el caso de información sensible.

2. Revisión de índices

- Programar revisiones trimestrales o semestrales para verificar que el índice refleja fielmente la realidad del archivo.

- Eliminar registros de documentos dados de baja o caducados.

- Actualizar categorías y referencias en caso de cambios organizativos.

3. Establecer auditorías internas

- Realizar controles periódicos para detectar incoherencias en la clasificación, accesos indebidos o deficiencias en la custodia de documentos.

- Generar informes que permitan tomar decisiones de mejora y ajustar procedimientos.

4. **Implantación de software de gestión documental (SGD)**

- Permite automatizar procesos de clasificación, indexación y búsqueda.
- Facilita la trazabilidad de los documentos y el control de accesos según roles de usuario.
- Reduce la dependencia de procedimientos manuales y el riesgo de errores humanos.

5. **Formación del personal**

- Capacitar a los empleados en clasificación, confidencialidad y normativa de protección de datos.
- Impartir talleres sobre el uso de herramientas digitales y buenas prácticas archivísticas.
- Promover una cultura organizativa orientada al cumplimiento normativo y la mejora continua.

Problemas y soluciones en archivos

Problema detectado	Ejemplo	Propuesta de mejora
Sobrecarga documental.	Carpetas con facturas caducadas hace 10 años.	Expurgo anual según normativa.
Índice desactualizado.	Cliente dado de baja sigue en registros.	Revisión trimestral del índice.
Clasificación incoherente.	Nóminas archivadas en carpetas distintas.	Manual de archivo unificado y formación interna.
Acceso inadecuado.	Nóminas consultables por cualquier usuario en red.	Asignación de permisos y control por roles.
Falta de digitalización	Documentos solo en papel	Escaneo y archivo digital con copias de seguridad

Nota

La detección de problemas en archivos debe concebirse como parte de un ciclo de **mejora continua**. No basta con corregir un error puntual; es imprescindible establecer mecanismos permanentes de control, auditoría y actualización, para que el archivo siga siendo un recurso estratégico y fiable a lo largo del tiempo.

1.3 PROCEDIMIENTOS DE REGISTRO Y ARCHIVO

El **registro y archivo de documentos** constituye una de las funciones básicas en cualquier organización, ya que garantiza la trazabilidad, la disponibilidad y la custodia adecuada de la información. No se trata únicamente de un proceso técnico, sino de un **mecanismo estratégico** que asegura el cumplimiento de la normativa, la eficiencia administrativa y la fiabilidad de la gestión.

Registrar un documento significa **dotarlo de identidad administrativa propia**: asignarle una referencia única, incluirlo en un índice, establecer su ubicación y dejar constancia de su entrada, salida o generación interna. Archivar, por su parte, supone **ubicar el documento en el espacio físico o digital correspondiente**, siguiendo normas de clasificación, ordenación y conservación previamente establecidas.

Este proceso implica la combinación de tres dimensiones:

- ▼ **Recursos materiales**: soportes, mobiliario, contenedores, dispositivos de almacenamiento.

- ▼ **Recursos técnicos**: sistemas de indexación, programas de gestión documental, digitalización.

- ▼ **Recursos humanos**: personal administrativo formado y con capacidad para aplicar los protocolos de seguridad, confidencialidad y organización.

Un buen procedimiento de registro y archivo convierte a la información en un recurso **estratégico y operativo**, al servicio de la empresa y de las obligaciones legales.

1.3.1 Identificación de soportes, mobiliario y útiles de archivo

Cuando pensamos en un archivo, lo primero que suele venir a la mente son estanterías repletas de carpetas, cajas o incluso servidores llenos de documentos digitalizados. Sin embargo, detrás de esta imagen existe una organización mucho más compleja que se apoya en **soportes**

físicos y digitales, en **mobiliario especializado** y en un conjunto de **útiles y herramientas** que permiten que la información pueda almacenarse, clasificarse y consultarse de manera eficaz.

La identificación de estos elementos es fundamental porque constituyen la **infraestructura básica** de cualquier sistema de archivo. Un buen profesional administrativo no solo debe saber manejar documentos, sino también conocer cuáles son los soportes más adecuados según el tipo de información, qué mobiliario garantiza una conservación óptima y qué herramientas facilitan el acceso y la protección de los archivos.

En este sentido, los **soportes** hacen referencia al medio en el que la información se encuentra contenida: desde el papel tradicional hasta los discos duros, la nube o las memorias USB. El **mobiliario**, por su parte, se relaciona con los espacios y estructuras que permiten almacenar de forma ordenada esos soportes: archivadores, estanterías, armarios compactos o sistemas automatizados. Finalmente, los **útiles de archivo** incluyen todos aquellos materiales auxiliares que hacen posible la organización diaria, como carpetas, fundas, separadores, cajas clasificadoras, etiquetas o software de gestión documental.

Conocer y seleccionar correctamente estos recursos no es una cuestión menor: de ello depende la **eficiencia administrativa**, la **seguridad de la información** y la **durabilidad de los documentos**. Un soporte inadecuado, un mobiliario mal diseñado o la ausencia de herramientas apropiadas pueden dificultar el acceso a datos esenciales, generar pérdidas de tiempo o incluso ocasionar daños irreversibles en documentos de valor legal o histórico.

Por tanto, en este apartado exploraremos los principales tipos de soportes, mobiliario y útiles de archivo, sus características, ventajas, limitaciones y criterios de selección. El objetivo es que el estudiante comprenda que la gestión documental no solo consiste en ordenar papeles o ficheros digitales, sino en construir un **entorno físico y digital eficiente y seguro** que respalde todo el proceso de conservación y consulta de la información.

a) **Soportes documentales**

El primer paso es reconocer el soporte en que se encuentra la información:

- **Soporte papel**: tradicional en facturas, contratos, informes, expedientes. Sigue siendo indispensable en procesos legales y notariales.

- **Soporte digital**: archivos electrónicos en formatos como PDF, DOCX, XLSX o bases de datos. Permite rapidez en la consulta y distribución.

- **Soportes especiales**: microfichas, CD, DVD, cintas magnéticas, soportes audiovisuales y multimedia. Se utilizan en archivos históricos o técnicos especializados.

Ejemplo

Un hospital mantiene las historias clínicas en soporte digital con acceso restringido, pero conserva en papel los consentimientos informados firmados por los pacientes, debido a exigencias legales.

b) **Mobiliario de archivo físico**

El mobiliario no solo sirve para almacenar, sino para **facilitar el acceso y proteger la documentación**.

- **Archivadores verticales con carpetas colgantes**: ideales para expedientes activos en uso frecuente.

- **Estanterías metálicas y armarios cerrados**: pensados para cajas y carpetas menos consultadas.

- **Planeros o mapotecas**: diseñados para documentos de gran formato (planos, carteles, mapas).

- **Armarios ignífugos o de seguridad**: garantizan la protección frente a incendios, humedad o accesos no autorizados.

c) **Útiles de archivo**

Los pequeños recursos de organización permiten **ordenar y localizar documentos con mayor rapidez**:

- Carpetas, subcarpetas y separadores temáticos.

- Cajas normalizadas (ej. formato A4 o folio).

- Etiquetas con códigos de colores para identificar categorías (ej. verde para facturas, azul para contratos).

- Sellos de registro, numeradores y sistemas de codificación para controlar entradas y salidas.

Ejemplo

En un despacho de abogados, los expedientes judiciales se archivan en carpetas numeradas, con etiquetas que diferencian civil, penal y laboral. Además, se digitalizan y se suben a una plataforma de gestión documental con copia de seguridad.

1.3.2 Contenedores y su función

Los contenedores son **soportes de agrupación** que protegen los documentos, facilitan su transporte y aseguran un orden coherente.

Tipo de contenedor	Uso principal	Ventajas	Limitaciones
Cajas de archivo.	Documentos semiactivos o históricos.	Fáciles de transportar y almacenar.	Requieren espacio físico amplio.
Carpetas colgantes.	Expedientes activos de consulta frecuente.	Acceso rápido y orden visual.	Capacidad limitada.
Archivadores de anillas.	Agrupación de documentos seriados (facturas, informes).	Permite añadir/quitar documentos.	Se deterioran con uso continuado.
Carpetas simples.	Documentación de un único asunto.	Simples y económicas.	Menor protección.
Contenedores digitales.	Almacenamiento en servidores, nubes o software.	Acceso remoto, trazabilidad, copias de seguridad.	Riesgo de ciberataques, dependencia tecnológica.

Ejemplo

En una empresa de construcción, los planos de proyectos activos se conservan en planeros para consulta inmediata, mientras que los expedientes cerrados se digitalizan y se guardan en cajas de archivo que pasan a archivo histórico.

1.3.3 Reproducción y cotejo de información: del papel al formato digital

La digitalización ha transformado la gestión documental. Hoy, un archivo que no incorpora procedimientos electrónicos **pierde eficiencia y competitividad**.

a) **Digitalización**

- **Escaneo de documentos individuales** en PDF o TIFF.
- **Captura masiva con escáneres de alto rendimiento** para expedientes completos.
- **Tecnología OCR (Reconocimiento Óptico de Caracteres)**, que convierte la imagen en texto editable y buscable.

b) **Cotejo de información**

Digitalizar no basta: es necesario **verificar la exactitud de la copia electrónica** respecto al original.

- El cotejo puede realizarse manualmente (comparación visual) o con software especializado.
- En documentos con validez legal, puede requerirse **firma electrónica reconocida** o certificados digitales para garantizar autenticidad.

Ejemplo

Una universidad escanea expedientes de alumnos y coteja cada documento con el original. Posteriormente, los incorpora al sistema de gestión documental con firma digital del responsable administrativo.

c) **Ventajas de la digitalización**

- Ahorro de espacio físico.
- Acceso remoto desde distintos dispositivos.
- Mayor seguridad mediante copias de respaldo.
- Localización inmediata gracias a buscadores internos.

d) **Precauciones**

▶ Cumplimiento estricto de la **LOPDGDD** y el **RGPD**.

- Establecer protocolos de copia de seguridad.
- Implementar contraseñas, roles de acceso y encriptación.

Procedimientos de registro y archivo

Etapa	Acciones principales	Resultado esperado
Identificación de soportes.	Definir si es papel, digital u otro formato.	Clasificación inicial coherente.
Uso de mobiliario y útiles.	Carpetas, archivadores, software de gestión.	Organización y acceso ágil.
Contenedores adecuados.	Elección según formato y volumen.	Protección y custodia segura.
Digitalización y cotejo.	Escaneo + verificación.	Documento electrónico válido y accesible.
Registro en índice.	Asignar referencia única.	Localización rápida y trazabilidad.

Nota

Los procedimientos de registro y archivo deben revisarse periódicamente para adaptarse a los cambios tecnológicos y normativos. El **modelo híbrido** (papel + digital) es hoy el más extendido, pero la tendencia apunta a una transición progresiva hacia archivos electrónicos integrales.

1.4 ACCESO, BÚSQUEDA Y RECUPERACIÓN DE LA INFORMACIÓN ARCHIVADA

El archivo no tiene sentido si los documentos que contiene no pueden localizarse de manera rápida, segura y eficiente. La finalidad última de cualquier sistema de gestión documental es que la información esté **disponible en el momento en que se necesite**, sin pérdida de tiempo ni riesgo de error.

El acceso a la información archivada debe responder a tres principios fundamentales:

- **Rapidez**: localizar un documento en el menor tiempo posible.
- **Seguridad**: garantizar que solo las personas autorizadas pueden acceder a información sensible.
- **Fiabilidad**: asegurar que el documento recuperado es auténtico, completo y corresponde al solicitado.

De esta manera, la gestión de archivos se convierte en un proceso que equilibra la **eficiencia operativa** con la **protección de la información**.

1.4.1 Procedimientos de búsqueda y consulta

Los procedimientos de búsqueda dependen directamente del sistema de clasificación utilizado y de la calidad del registro y los índices. Un archivo sin índices actualizados es como una biblioteca sin catálogo: la información existe, pero resulta prácticamente inaccesible.

a) **Métodos de búsqueda más habituales**

- **Búsqueda alfabética**: se ordenan los documentos por nombre de empresa, cliente o tema.
- **Búsqueda numérica**: cada expediente recibe un número único y correlativo que facilita la localización.
- **Búsqueda cronológica**: los documentos se archivan por fecha de emisión, recepción o vencimiento.

- **Búsqueda digital**: realizada en bases de datos o gestores documentales mediante palabras clave, filtros, metadatos o códigos QR.

1.4.2 Actualización, conservación y custodia de la información

Un archivo no es estático: debe mantenerse **actualizado, seguro y conforme a la normativa vigente**. La obsolescencia de los datos o la pérdida de documentos comprometen tanto la operativa de la empresa como su seguridad jurídica.

a) **Actualización de la información**

- **Altas**: cada documento nuevo debe registrarse e incorporarse al índice.

- **Bajas**: los documentos caducados deben eliminarse siguiendo los plazos de conservación legal.

- **Modificaciones**: cuando un expediente cambia (ejemplo: nueva dirección de cliente), debe actualizarse en el registro y en el archivo.

Ejemplo

Si un cliente cambia de domicilio fiscal, el expediente archivado debe actualizarse para evitar que futuras comunicaciones se envíen a la dirección antigua.

b) **Conservación**

La conservación implica garantizar que los documentos se mantienen en buen estado y accesibles durante el tiempo necesario.

- **Conservación física**: uso de carpetas y cajas en condiciones adecuadas de temperatura, humedad y protección frente a incendios.

- **Conservación digital**: copias de seguridad, migración de formatos y almacenamiento en servidores seguros o en la nube.

Ejemplo

Las facturas deben conservarse al menos 6 años (según Código de Comercio). Una empresa puede archivarlas en papel, pero también digitalizarlas y mantener copias de seguridad en la nube.

c) Custodia y seguridad

La custodia se refiere a las medidas que garantizan que la documentación no se pierda, deteriore o acceda indebidamente.

- **Medidas técnicas**: contraseñas, encriptación, sistemas antivirus, firewalls.

- **Medidas organizativas**: control de accesos, protocolos de préstamo y devolución de expedientes.

- **Medidas legales**: cumplimiento de la **LOPDGDD** y el **RGPD**.

Conservación y custodia documental

Aspecto	Documentación física	Documentación digital
Conservación.	Carpetas, cajas, armarios ignífugos.	Copias de seguridad, nube, servidores.
Accesibilidad.	Índices en papel, préstamo interno.	Buscadores, metadatos, filtros.
Seguridad.	Control de acceso a depósitos, llaves físicas.	Contraseñas, encriptación, roles.
Normativa.	Código de Comercio, Ley 39/2015.	RGPD, LOPDGDD, ENS.

Nota

La información mal custodiada no solo afecta a la operatividad diaria, sino que puede generar **responsabilidades legales** en caso de pérdida de datos personales o incumplimiento normativo. Por ello, actualizar, conservar y custodiar los documentos es una función esencial del técnico administrativo.

1.5 SISTEMAS OPERATIVOS Y GESTIÓN DE ARCHIVOS ELECTRÓNICOS

En la actualidad, el concepto de archivo ha evolucionado de manera radical. Durante décadas, la gestión documental se centraba en expedientes en papel, archivadores físicos y cajas de conservación. Sin embargo, el auge de las tecnologías de la información y la digitalización masiva de procesos ha transformado este escenario: hoy en día, más del 90 % de la información que se genera en una empresa es de origen electrónico y se gestiona a través de sistemas informáticos.

Esto implica que **el núcleo de la gestión documental moderna no se encuentra en el papel, sino en el entorno digital**, donde el **sistema operativo (SO)** actúa como la base que organiza y coordina todos los elementos necesarios para almacenar, acceder, compartir y proteger la información.

El sistema operativo puede definirse como el **conjunto de programas básicos que permiten que un ordenador o dispositivo funcione**. Es la capa intermedia entre el hardware (procesador, memoria, discos duros, dispositivos de red, periféricos) y el software de aplicación (programas de ofimática, bases de datos, navegadores, aplicaciones de gestión documental, etc.). Gracias a esta capa, los usuarios pueden interactuar con los equipos de manera sencilla y realizar operaciones como crear carpetas, copiar documentos, ejecutar aplicaciones o establecer permisos de seguridad.

Importancia de los sistemas operativos en la gestión documental

La relación entre sistemas operativos y gestión documental es directa y esencial. Cada archivo que se genera, cada documento que se guarda y cada acceso que se realiza se encuentra regulado por funciones del sistema operativo.

Las **ventajas de una gestión documental apoyada en un SO bien configurado** son múltiples:

- ▼ **Rapidez en el acceso a la información**: permite localizar un documento en segundos mediante rutas de acceso, buscadores o índices digitales.

- ▼ **Reducción de errores**: gracias a sistemas de nombres, jerarquías de carpetas y herramientas de verificación automática.

- ▼ **Conservación de versiones históricas**: el SO permite mantener copias previas de un mismo archivo o integrar herramientas de control de versiones.

- ▼ **Trazabilidad de cambios**: en entornos multiusuario, se puede identificar qué persona creó, modificó o eliminó un documento.

- ▼ **Cumplimiento normativo**: se facilita el respeto a leyes como la Ley de Protección de Datos Personales (LOPDGDD en España) o el Reglamento General de Protección de Datos (RGPD) en la Unión Europea.

- ▼ **Seguridad reforzada**: gracias a la asignación de permisos, cifrado de discos, autenticación de usuarios y control de accesos.

Ejemplo

En una asesoría fiscal, los sistemas operativos de sus ordenadores y servidores permiten que los técnicos puedan acceder únicamente a las carpetas de los clientes que gestionan. Los documentos de nóminas están protegidos con permisos de lectura restringida, mientras que los modelos fiscales trimestrales pueden ser modificados por el área de contabilidad, garantizando seguridad y eficiencia.

Papel del sistema operativo en el ciclo de vida de los documentos electrónicos

Todo documento digital pasa por un ciclo de vida en el que el sistema operativo tiene un rol fundamental:

1. **Creación** → mediante programas de ofimática, bases de datos o aplicaciones especializadas. El SO organiza su almacenamiento en carpetas o bases de datos.

2. **Clasificación** → asignación de nombres, metadatos y rutas de acceso que permiten su identificación.

3. **Acceso y consulta** → el SO gestiona permisos de usuario, búsqueda rápida y apertura de los documentos.

4. **Modificación y control de versiones** → se registran cambios, fechas y usuarios responsables.

5. **Conservación** → aplicación de medidas de seguridad, copias de respaldo y almacenamiento en servidores o nubes.

6. **Expurgo o eliminación** → una vez cumplidos los plazos legales o cuando deja de ser útil, el SO facilita su supresión definitiva, incluso con borrado seguro para datos sensibles.

Funciones clave del sistema operativo en la gestión documental

Función del SO	Aplicación en la gestión documental	Ejemplo
Creación y almacenamiento.	Permite guardar archivos en carpetas y asignar nombres únicos.	Guardar contratos de empleados en PDF en "RR. HH. 2024".
Organización jerárquica.	Facilita la estructuración en carpetas y subcarpetas.	Carpeta "Clientes" → Subcarpeta "IVA" → Facturas enero.
Seguridad y permisos.	Regula accesos según roles de usuario.	Solo dirección accede a informes financieros anuales.
Trazabilidad.	Registra quién y cuándo modificó un archivo.	Registro de auditoría de un expediente digital.
Copias de seguridad.	Integración con herramientas de backup.	Copia automática diaria en la nube corporativa.
Integración en red.	Comparte recursos entre usuarios y equipos.	Acceso de varios departamentos a una base de datos.

Nota

Comprender el papel de los sistemas operativos en la gestión documental es fundamental porque constituyen la **infraestructura invisible** que sostiene el archivo digital de una empresa. Un error en la configuración del sistema operativo puede poner en riesgo toda la información de la organización, mientras que un uso correcto garantiza eficiencia, seguridad y cumplimiento legal.

1.5.1 Funciones y características de los sistemas operativos

Los sistemas operativos (SO) son la base de cualquier infraestructura digital, tanto en el ámbito doméstico como en el empresarial. En gestión documental, su importancia es aún mayor, ya que actúan como el **"administrador invisible"** que regula la forma en que se crean, almacenan, protegen y comparten los archivos electrónicos de una organización.

Un SO no es un simple programa, sino un conjunto de instrucciones que gestiona el **hardware** (procesador, memoria, discos duros, periféricos) y coordina el **software** (aplicaciones de gestión, bases de datos, programas ofimáticos). Su papel es garantizar que todo funcione de manera integrada, segura y eficiente.

Las funciones principales de los sistemas operativos aplicadas a la gestión documental son:

1. **Gestión de recursos**: regulan el uso de la memoria, el procesador, los dispositivos de almacenamiento y la red. Esto asegura que varios usuarios o programas puedan trabajar al mismo tiempo sin conflictos.

2. **Interfaz con el usuario**: facilitan el acceso a los archivos mediante entornos gráficos (Windows, macOS) o intérpretes de comandos (Linux, Unix). Gracias a ellos, es posible navegar por carpetas, buscar documentos y ejecutar aplicaciones de forma intuitiva.

3. **Ejecución de programas**: permiten abrir, modificar, guardar e imprimir documentos a través de aplicaciones ofimáticas, programas de contabilidad, software de bases de datos, etc.

4. **Gestión de archivos**: organizan la información en discos y servidores mediante carpetas, subcarpetas, atributos y metadatos. Sin este componente, localizar un documento sería casi imposible.

5. **Seguridad y permisos**: regulan qué usuarios pueden acceder, modificar o eliminar un archivo. Esto es fundamental para garantizar la **confidencialidad de la información**.

6. **Comunicación en red**: posibilitan que los archivos se compartan entre distintos equipos conectados a una red local (LAN) o a servidores en la nube, facilitando el trabajo colaborativo.

Ejemplo

En una empresa con 50 empleados, el servidor utiliza **Windows Server** para administrar carpetas compartidas. Gracias a los permisos de Active Directory, el departamento de contabilidad accede solo a sus expedientes, mientras que los técnicos de recursos humanos consultan únicamente nóminas. La dirección general, por su parte, tiene acceso global, pero en muchos casos en modo de solo lectura para evitar modificaciones no deseadas.

Sistemas operativos habituales en la gestión documental

Sistema operativo	Características principales	Uso típico en empresas
Windows.	Interfaz gráfica sencilla, gran compatibilidad, Active Directory para gestión de usuarios y permisos en red.	Oficinas administrativas, pymes, administración pública.
Linux.	Software libre, gran estabilidad, flexibilidad y seguridad. Muy utilizado en servidores.	Empresas tecnológicas, entornos académicos, servidores de red.
macOS.	Alta usabilidad, gran integración con diseño gráfico, edición multimedia y aplicaciones creativas.	Estudios de diseño, despachos profesionales, productoras.
Android / iOS.	Enfocados a dispositivos móviles, con aplicaciones de almacenamiento en la nube y gestión documental.	Trabajo remoto, movilidad, gestores comerciales.

1.5.2 Creación, copia y eliminación de archivos y carpetas

El manejo de archivos y carpetas es una **tarea básica pero esencial** en la gestión documental digital. Aunque a primera vista pueda parecer algo trivial, en realidad constituye el núcleo de la organización de la información en cualquier empresa.

▸ **Creación**: consiste en generar un archivo nuevo (ejemplo: un contrato en Word o una factura en Excel) o una carpeta que actúe como contenedor de documentos relacionados. La correcta denominación de archivos y carpetas es vital para mantener un orden coherente y evitar confusiones.

▸ **Copia**: permite duplicar documentos para hacer copias de seguridad, trasladarlos a otros dispositivos (USB, discos externos) o subirlos a la nube. Esta acción también se utiliza en planes de **backup corporativo**.

▸ **Eliminación**: supone borrar archivos o carpetas cuando han perdido su utilidad o han cumplido los plazos legales de conservación. La eliminación puede hacerse de manera simple (papelera) o de forma segura mediante software de borrado definitivo que evita la recuperación no autorizada.

Ejemplo

Un técnico administrativo crea la carpeta **"IVA 2024"** en el servidor, guarda en ella los modelos 303 trimestrales en formato PDF y realiza una copia de seguridad automática en la nube. Tras los 6 años de conservación obligatoria (según la normativa fiscal española), procede a la eliminación definitiva de los archivos, certificando su destrucción conforme a la LOPDGDD y al RGPD.

Operaciones básicas sobre archivos y carpetas

Operación	Herramienta en Windows	Herramienta en Linux	Finalidad
Crear archivo.	Menú contextual → Nuevo.	Touch.	Generar nuevos documentos.
Crear carpeta.	Menú contextual → Carpeta.	Mkdir.	Organizar documentos por categorías.
Copiar.	Ctrl + C / Ctrl + V.	Cp.	Duplicar o trasladar archivos.
Eliminar.	Supr o papelera.	Rm.	Suprimir definitivamente archivos.

1.5.3 Configuración de objetos en el sistema operativo

En un sistema operativo, los archivos no son elementos aislados: forman parte de una estructura jerárquica de carpetas, permisos y atributos que debe configurarse de forma coherente para garantizar accesibilidad, seguridad y trazabilidad.

a) **Atributos de archivos y carpetas**

Los SO permiten asignar atributos especiales que modifican el comportamiento de los documentos:

- **Solo lectura** → el archivo se puede abrir y consultar, pero no modificar.

- **Oculto** → el archivo no aparece en la vista normal, aunque sigue existiendo.

- **De sistema** → reservado para ficheros esenciales que no deben alterarse.

b) **Permisos de acceso**

En entornos multiusuario o en red, los permisos son clave para proteger la información sensible. Los más habituales son:

- **Lectura** → permite ver el documento, pero no modificarlo.
- **Escritura** → posibilita añadir o editar información.
- **Ejecución** → habilita abrir programas, scripts o aplicaciones vinculadas.

Ejemplo

En un servidor de asesoría fiscal:

▶ La carpeta **"Contabilidad"** es accesible solo por el equipo contable.

▶ La carpeta **"Nóminas"** está restringida al área de recursos humanos.

▶ La **Dirección General** accede a todas las áreas, pero con permisos de solo lectura, para preservar la integridad de la información.

c) **Organización de estructuras en red**

Un SO bien configurado permite crear **unidades de red compartidas** para departamentos o proyectos. Esto facilita la colaboración, evita duplicidades, centraliza las copias de seguridad y permite auditar los accesos de cada usuario.

Configuración de objetos en un SO

Elemento	Configuración recomendada	Beneficio principal
Atributos.	Documentos oficiales con "solo lectura".	Evita modificaciones indebidas.
Permisos.	Roles diferenciados por departamento.	Aumenta la seguridad y confidencialidad.
Carpetas en red.	Unidades compartidas con control de accesos.	Favorece la trazabilidad y eficiencia.
Copias de seguridad.	Automáticas y cifradas.	Conservación de la información a largo plazo.

Nota

Una gestión documental eficaz no depende únicamente de almacenar archivos, sino de hacerlo bajo **un sistema operativo bien configurado** que asegure orden, seguridad, trazabilidad y cumplimiento normativo.

Ejemplo

Un administrativo necesita localizar el contrato firmado con la empresa "Logística Pérez" en 2021. En un archivo físico con clasificación alfabética, acudirá a la letra "L" y dentro de ella a la subcarpeta de ese año. En un archivo digital, bastará con introducir "Logística Pérez 2021" en el buscador del software documental.

a) **Herramientas de consulta**

- **Índices físicos**: listados impresos que permiten localizar documentos en un archivo físico.

- **Índices electrónicos**: bases de datos que relacionan cada documento con su referencia, ubicación y metadatos.

- **Sistemas de gestión documental (SGD)**: aplicaciones que integran la digitalización, búsqueda avanzada, control de accesos y trazabilidad de cada consulta.

Ejemplo

En una asesoría laboral, la búsqueda de nóminas antiguas se realiza en el programa de gestión, introduciendo el nombre del trabajador y el periodo. El sistema devuelve el PDF con la copia de la nómina, evitando consultar manualmente cajas archivadas.

b) Acceso controlado

El acceso no puede ser indiscriminado: debe establecerse un **sistema de permisos y roles** para garantizar la confidencialidad.

- **Acceso libre**: para documentación pública o general.

- **Acceso restringido**: limitado a determinados departamentos (ejemplo: nóminas solo accesibles para Recursos Humanos).

- **Acceso confidencial**: solo autorizado a responsables designados (ejemplo: contratos de alta dirección o expedientes judiciales).

Niveles de acceso

Nivel de acceso	Tipo de documentación	Quién accede	Medidas de seguridad
Libre.	Informes públicos, manuales.	Todo el personal.	Carpeta compartida o intranet.
Restringido.	Nóminas, facturas, expedientes.	Área específica.	Contraseña, permisos de usuario.
Confidencial.	Contratos de directivos, litigios.	Dirección o responsables.	Encriptación, doble autenticación.

1.6 PROTECCIÓN DE ACCESOS Y SEGURIDAD DOCUMENTAL

La gestión de la información en una organización no se limita a archivar documentos o garantizar su conservación. En la sociedad actual, donde los datos constituyen un recurso estratégico y un activo de gran valor, proteger el acceso y la seguridad documental es una obligación legal, una responsabilidad ética y una necesidad práctica.

Un sistema de archivo, ya sea físico o electrónico, debe incorporar mecanismos que aseguren que solo las personas autorizadas puedan acceder a la información y que esta se mantenga íntegra, confidencial y disponible cuando se requiera. De lo contrario, se corre el riesgo de filtraciones, pérdidas de información, accesos indebidos o incluso sanciones administrativas por incumplimiento de la normativa vigente en materia de protección de datos (Reglamento General de Protección de Datos –RGPD– y

Ley Orgánica 3/2018 de Protección de Datos Personales y Garantía de los Derechos Digitales –LOPDGDD–).

Este apartado analiza en detalle los principales mecanismos de seguridad en archivos físicos e informáticos, desde la definición de niveles de protección hasta el uso de contraseñas, las autorizaciones de acceso y la detección de errores en los procedimientos.

1.6.1 Niveles de protección en archivos físicos e informáticos

La seguridad documental no puede ser uniforme para todos los documentos, ya que no toda la información tiene la misma importancia o sensibilidad. Por ello, se establecen **niveles de protección** que determinan el grado de control y vigilancia necesario según la naturaleza de los datos.

Archivos físicos

En el caso de documentos en papel, los niveles de protección suelen organizarse en tres categorías:

▼ **Nivel básico**:

Aplicable a documentación administrativa general (ejemplo: facturas ya pagadas, circulares internas, correspondencia comercial). Requiere un archivador cerrado, estanterías ordenadas y control de acceso a las instalaciones.

▼ **Nivel intermedio**:

Aplicable a documentación de cierta sensibilidad (ejemplo: contratos con clientes, nóminas, expedientes laborales). Se recomienda archivado en **armarios con llave**, control de acceso a la sala y registro de préstamos de documentos.

▼ **Nivel alto**:

Se aplica a documentos con información confidencial o estratégica (ejemplo: datos médicos de empleados, información de clientes protegida por la LOPDGDD, patentes o proyectos estratégicos). Se almacenan en **salas seguras**, con acceso restringido mediante tarjeta o huella digital, y vigilancia continua.

Archivos informáticos

En el entorno digital, los niveles de protección se establecen en función de la **sensibilidad y criticidad de los datos**:

▶ **Nivel básico**: documentos generales almacenados en carpetas de red o en la nube, protegidos con contraseña.

▶ **Nivel intermedio**: bases de datos de clientes o proveedores, accesibles solo para determinados departamentos. Se aplican restricciones de usuario, cifrado parcial y copias de seguridad periódicas.

▶ **Nivel alto**: información financiera, médica, jurídica o estratégica. Se exige cifrado completo, autenticación multifactor, registros de auditoría y monitorización en tiempo real.

Cuadro comparativo

Nivel de protección	Archivos físicos	Archivos informáticos
Básico.	Archivadores y estanterías ordenadas, acceso general controlado.	Carpetas protegidas con contraseña.
Intermedio.	Armarios cerrados, registros de préstamos.	Usuarios autorizados, cifrado parcial, copias de seguridad.
Alto.	Salas seguras con control biométrico, acceso restringido.	Cifrado completo, autenticación multifactor, auditoría y monitorización.

1.6.2 Uso de contraseñas y atributos de acceso

En la gestión documental digital, las contraseñas constituyen la **primera línea de defensa** frente a accesos indebidos. Sin embargo, no basta con "tener una contraseña": su eficacia depende directamente de cómo se diseñan, gestionan y utilizan. Una clave débil o compartida equivale a **dejar abierta la puerta del archivo**. Por ello, la seguridad informática actual combina contraseñas robustas con **atributos de acceso diferenciados** (roles y permisos), garantizando que cada trabajador acceda únicamente a la información que necesita para desempeñar su función.

Contraseñas seguras

Para que una contraseña sea eficaz debe reunir una serie de características mínimas:

▸ **Longitud adecuada**: se recomienda que tenga al menos entre 8 y 12 caracteres, aunque para información crítica puede ser mayor.

▸ **Complejidad**: incluir letras mayúsculas y minúsculas, números y símbolos especiales.

▸ **No previsibles**: evitar datos personales (fechas de nacimiento, nombres de hijos, palabras comunes).

▸ **Cambio periódico**: renovar cada 60 o 90 días según la política de la empresa.

▸ **No reutilización**: impedir que un mismo trabajador utilice contraseñas antiguas en diferentes periodos.

Ejemplo

▸ Contraseña débil: 123456 o maria2023.

▸ Contraseña segura: M4r!@_27*G.

Política de contraseñas

Una buena gestión de contraseñas no depende solo de los usuarios, sino de la **normativa interna de la organización**. La empresa debe establecer una **política de contraseñas** que regule aspectos como:

1. **Periodicidad de cambio**: establecer un plazo máximo de vigencia (ej. 90 días).

2. **Bloqueo por intentos fallidos**: tras 3 o 5 intentos, el sistema debe bloquear temporalmente la cuenta.

3. **Almacenamiento seguro**: nunca se deben guardar contraseñas en documentos visibles o notas adhesivas en el escritorio.

4. **Autenticación adicional**: en accesos críticos, combinar la contraseña con otro factor (código SMS, aplicación móvil, huella digital).

Ejemplo de política interna

"Toda contraseña deberá tener al menos 10 caracteres, incluir 3 tipos distintos (mayúsculas, minúsculas, números o símbolos), renovarse cada 3 meses y no repetirse en los últimos 12 cambios".

Atributos de acceso

Además de las contraseñas, los sistemas modernos permiten aplicar **atributos de acceso**, también conocidos como **roles o permisos**. Estos determinan **qué puede hacer cada usuario** dentro del sistema de gestión documental.

- ▶ **Administrador**: acceso total a todos los documentos y configuración del sistema. Puede crear, modificar y eliminar registros.

- ▶ **Usuario avanzado**: puede leer y modificar archivos, pero no eliminarlos ni acceder a información de carácter confidencial.

- ▶ **Usuario básico**: solo puede visualizar determinados documentos, sin posibilidad de modificarlos ni descargarlos.

Ejemplo en un departamento de Recursos Humanos

- ▶ El **director de RR. HH.** tiene permisos de administrador para acceder a nóminas, contratos y evaluaciones.

- ▶ Los **técnicos de selección** solo pueden leer y modificar expedientes de candidatos, pero no acceder a nóminas.

- ▶ Los **empleados** tienen acceso restringido a sus propios documentos personales, como contratos o certificados.

Errores frecuentes

Pese a la importancia de la seguridad, en muchas empresas se cometen errores que comprometen la protección documental:

- ▶ Usar contraseñas obvias: "1234", "admin", "empresa2024".
- ▶ Compartir la misma contraseña entre varios usuarios.
- ▶ No retirar permisos a empleados que abandonan la empresa.
- ▶ Mantener contraseñas apuntadas en papeles o archivos visibles.
- ▶ Permitir que un mismo usuario tenga permisos excesivos (ejemplo: un administrativo con acceso total a contabilidad).

Buenas prácticas

Para garantizar la protección real de la información, se recomienda aplicar las siguientes medidas:

- **Formación periódica** al personal en ciberseguridad básica.

- **Contraseñas individuales y no compartidas.**

- **Autenticación multifactor (MFA)** en accesos críticos.

- **Asignación de roles por necesidad** ("mínimo privilegio"): cada usuario solo accede a lo imprescindible.

- **Revisiones periódicas de permisos** para verificar que se mantienen actualizados.

Nota

Una contraseña débil es como una puerta con cerradura sin llave: **aparenta seguridad, pero no protege de verdad.** Por eso, la seguridad documental no se logra solo creando contraseñas, sino estableciendo un **sistema integral de gestión de accesos** que combine contraseñas robustas, roles de usuario y controles de auditoría.

1.6.3 Autorizaciones de acceso y detección de errores en el procedimiento

En cualquier sistema de gestión documental, ya sea físico o digital, el control de accesos es un pilar fundamental de la seguridad de la información. No basta con tener contraseñas seguras o archivadores cerrados: es imprescindible definir **quién puede acceder a cada tipo de información, en qué circunstancias y en qué condiciones**. Este control no solo garantiza la confidencialidad, sino también la trazabilidad y la responsabilidad individual de los usuarios.

La legislación vigente en materia de protección de datos (Reglamento General de Protección de Datos – **RGPD** y la **Ley Orgánica 3/2018 de Protección** de Datos Personales y garantía de los derechos digitales) exige que toda organización disponga de mecanismos que aseguren que la información sensible solo es accesible a las personas autorizadas.

Autorizaciones de acceso

El acceso a la documentación debe estar regulado mediante **autorizaciones formales**. Estas autorizaciones pueden plasmarse en:

▸ **Documentos escritos**: listados firmados por la dirección donde se especifica qué empleados tienen acceso a qué documentación.

▸ **Registros digitales**: sistemas de gestión documental que asignan permisos personalizados a cada usuario.

▸ **Políticas internas**: manuales o protocolos que definen los niveles de acceso por departamentos o funciones.

Ejemplo

▸ El **departamento de Recursos Humanos** tiene acceso a expedientes laborales, contratos y nóminas.

▸ El **departamento de Contabilidad** puede acceder a facturas, balances y libros contables.

▸ El **equipo de Ventas** solo puede consultar información relativa a clientes activos y potenciales.

De esta manera, cada trabajador dispone únicamente de la información necesaria para desempeñar sus funciones, aplicando el principio de **mínimo privilegio**.

Registros de acceso

Un buen sistema de seguridad documental no solo concede permisos, sino que también **registra quién accede a la información, cuándo lo hace y qué operación realiza**.

▸ En **archivos informáticos**: el registro de accesos debe reflejar usuario, fecha, hora y acción realizada (lectura, modificación, descarga, eliminación).

▸ En **archivos físicos**: se puede llevar un **libro de control de préstamos**, donde cada empleado firma al retirar o consultar un documento y lo devuelve en el plazo establecido.

Estos registros permiten realizar **auditorías internas y externas**, detectar accesos indebidos y disponer de pruebas en caso de litigios o inspecciones.

Errores frecuentes en los procedimientos

En muchas organizaciones, los controles de acceso presentan debilidades que comprometen la seguridad documental. Entre los errores más habituales se encuentran:

▸ **Olvidar retirar autorizaciones a empleados que dejan la empresa**, lo que permite que sigan accediendo a datos sensibles.

▸ **Permitir el uso compartido de contraseñas**, lo que impide identificar al responsable de un acceso indebido.

▸ **No revisar periódicamente los registros de acceso**, dejando sin detectar posibles accesos sospechosos.

▸ **Archivar documentos confidenciales en ubicaciones comunes** sin restricciones de acceso, como servidores compartidos o archivadores abiertos.

▸ **No aplicar controles diferenciados por rol**, permitiendo que cualquier empleado pueda acceder a información crítica.

Ejemplo

Un empleado de una empresa accede sin autorización a la base de datos de clientes y descarga información confidencial para beneficio personal.

▶ Si la organización cuenta con un **registro de accesos**, podrá identificar qué usuario realizó la operación, a qué hora y desde qué dispositivo. Esto facilitará la depuración de responsabilidades y la aplicación de medidas disciplinarias o legales.

▶ En cambio, si no existen registros, la empresa no podrá determinar quién fue el responsable, lo que supondrá un **grave incumplimiento del RGPD**. Esta situación puede acarrear sanciones económicas de hasta **20 millones de euros o el 4 % de la facturación anual**, además del daño reputacional.

Buenas prácticas en la gestión de autorizaciones

Para evitar estos riesgos, las empresas deben aplicar un conjunto de **buenas prácticas**:

▶ Establecer **autorizaciones formales** por escrito o mediante sistemas digitales de gestión de accesos.

▶ Asignar permisos siguiendo el principio de **mínimo privilegio**.

▶ Actualizar los permisos cada vez que haya cambios en la plantilla o funciones.

▶ Realizar **revisiones periódicas** de los registros de acceso (auditorías trimestrales o semestrales).

▶ Implementar alertas automáticas en los sistemas digitales para detectar accesos sospechosos.

▶ Mantener **copias de seguridad** y protocolos de recuperación en caso de incidentes.

Nota

Conceder accesos sin control es como **dejar todas las llaves de la oficina en un cajón abierto**: cualquiera podría utilizarlas sin que sepamos quién lo hizo. Por eso, un buen sistema de autorizaciones no solo limita el acceso, sino que también **genera trazabilidad**, garantizando seguridad jurídica y confianza dentro de la organización.

Sistemas de control de accesos en archivos físicos y digitales

Aspecto a controlar	Archivos físicos	Archivos digitales
Identificación del usuario.	Firma manuscrita en libro de préstamos.	Usuario y contraseña personales.
Registro de accesos.	Libro de control con fecha, hora y documento.	Log automático con usuario, hora, IP y acción.
Limitación de permisos.	Llaves de archivo, armarios cerrados, sellos.	Roles diferenciados (lectura, escritura, borrado).
Revisión periódica.	Supervisión manual del responsable del archivo.	Auditorías automáticas y reportes programados.
Errores frecuentes.	Pérdida de documentos, préstamos no anotados.	Uso compartido de contraseñas, accesos no auditados.
Ventajas.	Sencillo, sin necesidad de tecnología.	Mayor trazabilidad, control remoto, alertas automáticas.
Inconvenientes.	Riesgo de pérdida física, acceso limitado a horarios.	Riesgo de ciberataques si no hay seguridad robusta.

Protocolo paso a paso para autorizar accesos en una empresa

Ejemplo

Empresa ficticia "Gestión Global S.L."

1. **Solicitud formal de acceso**

   - El empleado solicita por escrito (correo electrónico o formulario interno) el acceso a determinada documentación.
   - El responsable del área debe justificar la necesidad (ejemplo: un administrativo solicita acceso a facturas del último trimestre).

2. **Evaluación de la solicitud**

   - El responsable de seguridad de la información o el responsable de archivo revisa si la petición es adecuada.
   - Se aplica el **principio de mínimo privilegio**: el empleado accede solo a lo que necesita.

3. Aprobación o denegación

- Si la solicitud es válida, se aprueba y se registra la autorización.
- Si no lo es, se informa al empleado explicando los motivos.

4. Creación de permisos

- En archivos físicos: se entrega una llave, tarjeta de acceso o se habilita el préstamo con control.

- En archivos digitales: el departamento de informática crea un usuario y asigna permisos concretos (ejemplo: solo lectura).

5. Registro de accesos

- Cada consulta, préstamo o descarga queda registrada (en el libro de archivo o en el sistema informático).

- Esto garantiza trazabilidad y permite auditorías futuras.

6. Revisión periódica

- Cada 6 meses se revisan las autorizaciones concedidas.
- Se eliminan accesos de empleados que hayan cambiado de puesto o hayan abandonado la empresa.

7. Control ante incidentes

- Si se detecta un acceso indebido, se debe:
  - Bloquear inmediatamente el usuario o retirar la llave.
  - Investigar el incidente (revisando logs o libros de registro).
  - Notificar a la autoridad competente en caso de filtración de datos personales (AEPD en España).

Nota

Piensa en el sistema de autorizaciones como una **escalera con puertas en cada piso**. No todos los empleados necesitan subir hasta el último nivel; por eso, cada puerta se abre solo con la llave adecuada, y siempre queda constancia de quién la usó y cuándo.

1.7 CONFIDENCIALIDAD Y PROTECCIÓN DE DATOS

La confidencialidad y la correcta protección de los datos constituyen hoy en día uno de los pilares fundamentales en la gestión documental de cualquier organización. Las empresas manejan a diario información sensible que puede abarcar desde datos personales de empleados y clientes hasta documentos financieros, contratos mercantiles, historiales médicos o registros estratégicos de negocio. Toda esta documentación no solo representa un activo esencial, sino que también está sujeta a un marco normativo estricto que obliga a custodiarla, conservarla y protegerla frente a accesos no autorizados, pérdidas accidentales o ciberataques.

En la era digital, la información se ha convertido en un recurso tan valioso como vulnerable. Una filtración, un mal uso o una pérdida de datos pueden tener consecuencias devastadoras: sanciones económicas, pérdida de confianza de clientes, deterioro de la reputación corporativa e incluso responsabilidades legales para los directivos. Por ello, resulta imprescindible que cualquier organización, independientemente de su tamaño o sector, implemente políticas claras de seguridad y confidencialidad documental.

Este apartado aborda dos cuestiones clave:

▸ **La normativa vigente en materia de protección de datos**, en especial el Reglamento General de Protección de Datos (RGPD) de la Unión Europea y la Ley Orgánica de Protección de Datos y Garantía de los Derechos Digitales (LOPDGDD) en España. Estas normas establecen derechos, obligaciones y medidas de seguridad que deben aplicarse en el tratamiento de datos personales.

▸ **Las copias de seguridad y la conservación documental**, entendidas como herramientas preventivas que aseguran la integridad, disponibilidad y trazabilidad de la información frente a incidentes técnicos, errores humanos o ataques externos.

En definitiva, garantizar la confidencialidad y la protección de datos no debe considerarse únicamente una obligación legal, sino una práctica estratégica que refuerza la confianza de clientes, trabajadores y socios comerciales, y que asegura la continuidad de las operaciones de la empresa en un entorno cada vez más digitalizado y regulado.

1.7.1 Normativa vigente sobre protección de datos

La gestión adecuada de la información en una organización no solo es una cuestión de eficiencia administrativa, sino también un **imperativo legal y ético**. Los datos personales que manejan las empresas —como nombres, direcciones, correos electrónicos, historiales laborales, nóminas o datos bancarios— están protegidos por una normativa que busca garantizar los derechos fundamentales de las personas, especialmente su **derecho a la privacidad**.

Principales marcos normativos

1. **Reglamento General de Protección de Datos (RGPD – Reglamento (UE) 2016/679)**

   1.1. Es la norma de referencia en toda la Unión Europea. Establece principios rectores que deben respetarse siempre que se traten datos personales:

   1.1.1. **Licitud, lealtad y transparencia:** el tratamiento debe estar basado en un fundamento jurídico (consentimiento, contrato, interés legítimo, etc.) y comunicarse claramente a la persona interesada.

1.1.2. **Limitación de la finalidad:** los datos solo pueden usarse para los fines para los que fueron recogidos.

1.1.3. **Minimización de datos:** no se deben recopilar más datos de los necesarios.

1.1.4. **Exactitud:** los datos deben mantenerse actualizados.

1.1.5. **Limitación del plazo de conservación:** no conservar información más allá de lo estrictamente necesario.

1.1.6. **Integridad y confidencialidad:** garantizar medidas de seguridad contra accesos no autorizados, pérdidas o alteraciones.

1.2. Establece **derechos de los interesados**, como acceso, rectificación, supresión, portabilidad, limitación del tratamiento y oposición.

1.3. Introduce la figura del **delegado de Protección de Datos (DPO o DPD)** en entidades que manejan grandes volúmenes de información o datos especialmente sensibles (ejemplo: hospitales, colegios, bancos).

1.4. Define un **régimen sancionador severo**, con multas de hasta **20 millones de euros o el 4 % de la facturación anual global**, lo que refuerza la importancia del cumplimiento.

2. **Ley Orgánica 3/2018 de Protección de Datos Personales y Garantía de los Derechos Digitales (LOPDGDD)**

2.1. Esta norma adapta el RGPD al marco español. Sus aportaciones más destacadas son:

2.1.1. Reconocimiento del derecho a la intimidad y a la **desconexión digital** en el ámbito laboral, evitando abusos relacionados con la hiperconectividad.

2.1.2. Regulación de la videovigilancia en centros de trabajo y el uso de sistemas de geolocalización de empleados.

2.1.3. Protección reforzada de datos sensibles: salud, ideología, religión, orientación sexual, origen racial, etc.

2.1.4. Regulación del **consentimiento de menores**: en España, los adolescentes a partir de 14 años pueden dar consentimiento para el tratamiento de sus datos en servicios de la sociedad de la información (redes sociales, aplicaciones, etc.).

2.1.5. Regulación de los **canales de denuncia interna** (whistleblowing) para reportar irregularidades dentro de la empresa.

3. Normativa sectorial complementaria

3.1. En algunos sectores existen disposiciones adicionales:

3.1.1. En el ámbito sanitario: normas específicas sobre historia clínica (Ley 41/2002).

3.1.2. En el ámbito financiero: exigencias de confidencialidad en relación con la Ley de Servicios de Pago.

3.1.3. En educación: medidas de protección reforzada para datos de menores.

Ejemplo

Una consultora gestiona bases de datos de clientes y proveedores. Para cumplir con la normativa:

▼ Solicita el consentimiento expreso de los clientes antes de enviarles campañas comerciales.

▼ Mantiene un registro de actividades de tratamiento, donde especifica qué datos maneja, con qué finalidad y durante cuánto tiempo.

▼ Limita el acceso a los expedientes digitales a determinados perfiles autorizados mediante roles en el sistema informático.

▼ Establece un protocolo de respuesta en caso de **brecha de seguridad**, que incluye notificar a la Agencia Española de Protección de Datos (AEPD) en un máximo de 72 horas.

Nota

No cumplir con la normativa no solo implica riesgo de sanciones económicas, sino también **pérdida de reputación**, lo cual puede dañar gravemente la confianza de clientes, empleados y proveedores.

1.7.2 Copias de seguridad y conservación documental

La **protección de la información** no consiste únicamente en blindarla frente a accesos indebidos, sino en garantizar que esté siempre disponible, íntegra y en buen estado, incluso cuando ocurren incidentes graves como fallos técnicos, ataques informáticos, incendios o desastres naturales. Una organización puede invertir en seguridad perimetral, contraseñas robustas o antivirus, pero si pierde su información crítica sin posibilidad de recuperación, su operatividad quedará seriamente comprometida.

Por este motivo, las **copias de seguridad (backups)** y las políticas de **conservación documental** se convierten en dos pilares básicos de cualquier estrategia de gestión documental moderna. Ambas son obligatorias, no solo por criterios de eficiencia interna, sino por imposiciones legales recogidas en la **normativa mercantil, fiscal, laboral y de protección de datos**.

Copias de seguridad

Una **copia de seguridad** es la reproducción de los datos originales que se guarda en soportes alternativos. Su finalidad es permitir que, en caso de pérdida o corrupción de los datos, la empresa pueda restaurarlos con rapidez y minimizar el impacto en la actividad.

Tipos principales de copias de seguridad

▰ **Copia completa**:

Se duplica la totalidad de los archivos o del sistema. Su ventaja es que la recuperación es sencilla e inmediata, aunque requiere mucho tiempo y espacio de almacenamiento. Se recomienda hacerla periódicamente (por ejemplo, una vez a la semana o al mes).

▼ **Copia incremental**:

Solo guarda los archivos que han cambiado desde la última copia (sea completa o incremental). Requiere menos tiempo y espacio, pero la restauración es más compleja, pues debe combinar la última copia completa con todas las incrementales intermedias.

▼ **Copia diferencial**:

Registra todos los cambios desde la última copia completa. Es un término medio: consume más espacio que la incremental, pero la recuperación es más ágil porque basta con combinar la última copia completa y la última diferencial.

▼ **Copias en espejo (mirror backup)**:

Replican en tiempo real el contenido de un sistema en otro, garantizando una sincronización constante. Su principal desventaja es que, si se borra un archivo por error, también se borra en el espejo.

▼ **Copias en la nube**:

Servicios externos que almacenan la información en servidores remotos con acceso cifrado. Permiten escalabilidad y acceso desde cualquier ubicación, pero requieren garantizar que el proveedor cumple con la normativa de protección de datos (RGPD y LOPDGDD).

Buenas prácticas en las copias de seguridad

1. **Aplicar la regla 3-2-1**:

   a) Tener al menos **3 copias** de la información.

   b) Guardarlas en **2 soportes distintos** (por ejemplo, un servidor local y un dispositivo externo).

   c) Mantener **1 copia fuera de la sede principal**, preferiblemente en la nube o en otra oficina, para casos de catástrofes físicas.

2. **Definir periodicidad según criticidad**:

   a) Información crítica (contabilidad, nóminas, contratos): copias **diarias**.

   b) Información de gestión interna menos sensible: copias **semanales** o mensuales.

3. **Cifrado y protección de las copias**:

   Los backups deben estar **cifrados** para evitar que, en caso de pérdida o robo del soporte, los datos puedan ser leídos.

4. **Pruebas periódicas de restauración**:

   Una copia de seguridad solo es útil si puede restaurarse. Es imprescindible realizar simulaciones de recuperación, verificando que los archivos no están dañados y que los tiempos de restauración cumplen con los requisitos de la empresa.

5. **Automatización del proceso**:

   El uso de software especializado evita que las copias dependan de la memoria humana. La automatización reduce errores y garantiza una mayor fiabilidad.

Conservación documental

La **conservación documental** consiste en mantener los documentos, en formato físico o digital, durante los plazos que establece la legislación vigente o mientras resulten útiles para la organización. La gestión correcta de los plazos permite un equilibrio entre seguridad jurídica y optimización de recursos de almacenamiento.

Plazos legales de conservación más habituales

Tipo de documento	Plazo mínimo de conservación	Normativa aplicable
Facturas, albaranes, libros contables.	6 años.	Código de Comercio.
Documentación fiscal (IVA, IRPF, IS).	4 años.	Ley General Tributaria.
Nóminas y seguros sociales.	4 años.	Estatuto de los Trabajadores / Seguridad Social.
Contratos laborales y expedientes de empleados.	Hasta 4 años después de la finalización.	Normativa laboral.
Historias clínicas.	5 años mínimo (más en casos específicos).	Ley de Autonomía del Paciente.
Datos de candidatos no contratados.	Máx. 2 años.	LOPDGDD.

Eliminación segura de documentos

Una vez transcurridos los plazos legales, los documentos **no deben conservarse indefinidamente**, ya que esto incrementa riesgos legales y de seguridad. La destrucción debe realizarse de forma que se imposibilite su recuperación:

- ▶ **En papel**:
  - Uso de destructoras de alta seguridad (nivel P-4 o superior, con triturado cruzado).
  - Servicios externos certificados que entregan un **acta de destrucción**, imprescindible en auditorías.

- ▶ **En formato digital**:
  - Uso de software de borrado seguro que sobrescribe varias veces los datos.
  - Eliminación de discos duros mediante **desmagnetización** o destrucción física.

Ejemplo

Una **empresa de distribución alimentaria** debe cumplir con obligaciones legales y proteger su información:

- ▶ Realiza **copias diarias** de contabilidad y nóminas en un servidor local y **copias semanales cifradas** en la nube.

- ▶ Conserva facturas y libros contables **6 años** en su archivo digital.

- ▶ Al terminar ese periodo, contrata a una empresa especializada que destruye la documentación física y entrega un certificado oficial.

- ▶ Los currículums de candidatos no seleccionados se eliminan automáticamente a los **24 meses**, cumpliendo con la LOPDGDD.

Nota

Una copia de seguridad no probada equivale a no tener copia. De nada sirve acumular documentos si no se establece un sistema de revisión, recuperación y eliminación segura. La seguridad documental no es solo **guardar**, sino **gestionar inteligentemente todo el ciclo de vida de la información**.

Conclusión

La gestión de copias de seguridad y la conservación documental garantizan la continuidad del negocio, el cumplimiento legal y la confianza de clientes, proveedores y empleados. Una empresa que cuida sus datos protege su patrimonio más valioso: la información.

1.8 CUESTIONARIO – CAPÍTULO 1

1. **La principal finalidad de la gestión de archivos dentro de una organización es:**
   a) Aumentar la cantidad de documentos almacenados.
   b) Garantizar la conservación, localización y uso eficiente de la información.
   c) Sustituir los archivos digitales por físicos.
   d) Facilitar el control fiscal de la empresa.

2. **Los archivos públicos se diferencian de los privados principalmente en que:**
   a) Solo almacenan documentos de carácter histórico.
   b) Están sujetos a legislación específica sobre acceso y transparencia.
   c) Carecen de estructura jerárquica.
   d) No pueden conservar documentos confidenciales.

3. **El sistema de clasificación alfabético en archivística se utiliza cuando:**

   a) Los documentos se ordenan por fechas.

   b) Los documentos se agrupan por materias.

   c) Los documentos se ordenan según el nombre del cliente, empresa o entidad.

   d) Se clasifican según el valor económico.

4. **La finalidad principal del archivo en una empresa es:**

   a) Servir como almacén de documentos antiguos.

   b) Facilitar el acceso rápido a la información para la toma de decisiones.

   c) Limitar el acceso a la información a determinados empleados.

   d) Eliminar los documentos una vez utilizados.

5. **Los índices de archivo permiten:**

   a) Registrar la localización y estado de los documentos archivados.

   b) Eliminar automáticamente documentos caducados.

   c) Proteger los documentos frente a incendios.

   d) Crear copias de seguridad de los documentos.

6. **El uso de manuales de ayuda en archivística sirve para:**

   a) Establecer criterios uniformes en la organización y conservación de documentos.

   b) Sustituir al personal del departamento de archivo.

   c) Limitar el acceso al archivo a personal autorizado.

   d) Clasificar documentos únicamente por fechas.

7. **Un ejemplo de soporte de archivo físico sería:**

   a) Un disco duro externo.

   b) Un archivador de anillas.

   c) Una nube corporativa.

   d) Un sistema operativo de red.

8. En un sistema operativo, eliminar un archivo implica:

a) Borrarlo físicamente de inmediato.

b) Moverlo a la papelera o área de eliminación temporal.

c) Crear una copia comprimida.

d) Enviarlo automáticamente a la red local.

9. Las contraseñas y atributos de acceso en los archivos informáticos tienen como finalidad:

a) Facilitar el intercambio libre de información.

b) Aumentar la velocidad de los equipos.

c) Proteger la confidencialidad de la información almacenada.

d) Eliminar los documentos obsoletos.

10. Según la normativa de protección de datos, las copias de seguridad deben realizarse:

a) Solo cuando se produce una pérdida de información.

b) Periódicamente y siguiendo un protocolo de conservación seguro.

c) Únicamente al final del ejercicio fiscal.

d) Cuando lo solicite la dirección de la empresa.

Respuestas correctas

1. b) Garantizar la conservación, localización y uso eficiente de la información.

2. b) Están sujetos a legislación específica sobre acceso y transparencia.

3. c) Los documentos se ordenan según el nombre del cliente, empresa o entidad.

4. b) Facilitar el acceso rápido a la información para la toma de decisiones.

5. a) Registrar la localización y estado de los documentos archivados.

6. a) Establecer criterios uniformes en la organización y conservación de documentos.

7. b) Un archivador de anillas.

8. b) Moverlo a la papelera o área de eliminación temporal.

9. c) Proteger la confidencialidad de la información almacenada.

10. b) Periódicamente y siguiendo un protocolo de conservación seguro.

2

Optimización básica de un sistema de archivo electrónico

En la actualidad, la mayoría de los procesos administrativos y de gestión documental se realizan de forma digital. Los archivos electrónicos han sustituido progresivamente a los archivos físicos en papel, ofreciendo ventajas evidentes en cuanto a rapidez, accesibilidad, seguridad y reducción de costes. Sin embargo, para que un sistema de archivo electrónico funcione de manera eficaz, es indispensable que los equipos informáticos sobre los que se sustenta estén correctamente instalados, mantenidos y optimizados.

Un error frecuente entre quienes se inician en este ámbito es pensar que basta con disponer de un ordenador para gestionar archivos electrónicos. La realidad es que la infraestructura tecnológica necesaria abarca tanto elementos de **hardware** (CPU, discos duros, periféricos) como de **software** (sistemas operativos, aplicaciones de gestión documental, antivirus, programas de respaldo) y, además, debe incluir mecanismos de **conexión en red** que garanticen la comunicación entre distintos usuarios o departamentos.

Este capítulo se centra en los aspectos básicos de la optimización de un sistema de archivo electrónico, con especial atención a los equipos informáticos necesarios, su puesta en marcha, el mantenimiento preventivo y correctivo, y las herramientas que permiten garantizar un funcionamiento estable y seguro.

2.1 EQUIPOS INFORMÁTICOS PARA LA GESTIÓN DE ARCHIVOS

En la actualidad, los equipos informáticos constituyen la base de la gestión documental moderna. Todas las operaciones administrativas —desde la creación de documentos hasta su clasificación, archivo, recuperación y envío— dependen del correcto funcionamiento de los sistemas tecnológicos. La informatización no solo ha sustituido al archivo en papel, sino que ha permitido alcanzar niveles de eficiencia, seguridad y accesibilidad antes impensables.

Un equipo informático no es únicamente un ordenador: es un conjunto de **elementos físicos (hardware)** y **componentes lógicos (software)** que, trabajando en conjunto, permiten almacenar, procesar y proteger la información. Para un profesional administrativo, conocer sus características y mantenerlos correctamente es esencial para evitar fallos, pérdidas de datos o interrupciones en la operativa diaria.

A lo largo de este apartado analizaremos los principales aspectos relacionados con la **puesta en marcha, mantenimiento y revisión periódica** de los equipos, los **elementos de hardware**, los **componentes de red y su supervisión**, los **elementos de software**, y finalmente, los **equipos de reproducción documental**.

2.1.1 Puesta en marcha, mantenimiento y revisión periódica

La **puesta en marcha de los equipos informáticos destinados a la gestión de archivos electrónicos** constituye un paso decisivo en la organización administrativa de cualquier empresa. No se trata únicamente de encender el ordenador y comenzar a trabajar, sino de un **proceso planificado y estructurado** que busca garantizar la eficiencia, la seguridad y la continuidad en el tiempo de todo el sistema documental.

Un sistema de archivo electrónico bien configurado es comparable a la construcción de un edificio: si los cimientos son débiles, todo el edificio estará en riesgo. Por eso, durante la puesta en marcha se deben establecer desde el inicio las condiciones que permitan trabajar con normalidad: elección del hardware adecuado, instalación del sistema operativo y programas necesarios, creación de usuarios con permisos de acceso diferenciados, configuración de las copias de seguridad y comprobación de la seguridad de la red.

El **mantenimiento** es la segunda parte de este proceso. Igual que un vehículo necesita revisiones periódicas de aceite, neumáticos o frenos, los equipos informáticos requieren controles regulares que detecten fallos antes de que se conviertan en un problema grave. Un ordenador que no se revisa, que no actualiza su software o que no limpia su hardware, está condenado a sufrir problemas que pueden poner en riesgo la **información archivada**, que es uno de los activos más valiosos de la empresa.

Finalmente, la **revisión periódica** asegura que el sistema se adapta a las nuevas necesidades. Las empresas evolucionan, aumentan su volumen de información y cambian sus procesos. Por eso, el plan de mantenimiento debe ser dinámico y revisado de forma constante, adaptándose a los avances tecnológicos y a la normativa vigente sobre protección de datos y conservación documental.

Tipos de mantenimiento en informática aplicada a archivos

Para garantizar el buen funcionamiento de los sistemas de archivo electrónico, se emplean dos grandes tipos de mantenimiento: **preventivo** y **correctivo**. Ambos son complementarios y necesarios, pero responden a momentos distintos dentro del ciclo de vida de los equipos.

a) **Mantenimiento preventivo**

El mantenimiento preventivo consiste en realizar **acciones planificadas y periódicas** para evitar que surjan fallos. Su objetivo es anticiparse a los problemas, minimizando el riesgo de que los equipos fallen en momentos críticos.

Ejemplos de mantenimiento preventivo aplicados a la gestión documental:

- **Actualización periódica del software**: instalar parches de seguridad del sistema operativo y de los programas de gestión documental.

- **Limpieza física de los equipos**: retirar el polvo de ventiladores, teclados y conexiones para evitar sobrecalentamientos o fallos eléctricos.

- **Comprobación de las copias de seguridad**: verificar que se realizan de forma automática y que los archivos guardados pueden recuperarse correctamente.

- **Revisión de usuarios y permisos de acceso**: comprobar que los empleados que ya no forman parte de la empresa no mantengan accesos activos al sistema.

Una buena política de mantenimiento preventivo evita pérdidas de información y asegura la continuidad de la actividad empresarial incluso en momentos de crisis.

b) **Mantenimiento correctivo**

A diferencia del preventivo, el mantenimiento correctivo entra en juego **cuando ya se ha producido un fallo o incidencia**. Su finalidad es restablecer la normalidad lo antes posible, reduciendo al mínimo los tiempos de inactividad.

Ejemplos de mantenimiento correctivo en gestión documental:
- Sustitución de un disco duro dañado que almacenaba copias de seguridad.
- Reparación de un fallo en la red que impide acceder a los archivos compartidos.
- Reinstalación de un sistema operativo que ha quedado corrupto por un virus informático.
- Recuperación de datos a partir de copias de seguridad tras un fallo grave del servidor.

Aunque el mantenimiento correctivo es inevitable en determinadas ocasiones, depender en exceso de él supone **un riesgo elevado**. Cuanto más preventivo sea el sistema, menos correctivo será necesario.

Ejemplo

Una empresa de servicios detecta que uno de sus ordenadores de gestión documental empieza a mostrar lentitud en la apertura de archivos. Aunque en apariencia no parece grave, el responsable de sistemas aplica su plan de revisión periódica y descubre que el disco duro presenta sectores defectuosos.

Gracias a la previsión, sustituye el disco a tiempo y transfiere los datos a una nueva unidad SSD. De no haberlo hecho, el disco podría haber fallado completamente, provocando la **pérdida de información valiosa** y el bloqueo de la actividad administrativa durante varios días.

Este ejemplo demuestra cómo el mantenimiento preventivo, unido a revisiones programadas, evita problemas graves y asegura la continuidad de la empresa.

Diferencias entre mantenimiento preventivo y correctivo

Tipo de mantenimiento	Objetivo principal	Ejemplo en gestión documental	Ventajas	Inconvenientes
Preventivo.	Evitar fallos futuros.	Actualizar antivirus, revisar copias de seguridad, limpiar hardware.	Anticipa problemas, prolonga la vida útil de los equipos, reduce el riesgo de pérdidas de datos.	Requiere inversión de tiempo y recursos periódicos.
Correctivo.	Solucionar fallos ya ocurridos.	Sustituir un disco duro dañado, reinstalar el sistema operativo.	Permite recuperar el sistema tras un fallo.	Puede implicar interrupciones largas, riesgo de pérdida de datos si no hay copias actualizadas.

Nota

Para un estudiante que se inicia en el campo de la gestión de archivos electrónicos, es importante comprender que el mantenimiento no es un lujo, sino una necesidad. La mayoría de los fallos informáticos que afectan a empresas se podrían haber evitado con simples medidas preventivas: actualizar programas, limpiar equipos o verificar las copias de seguridad.

En un contexto profesional, un técnico administrativo o un responsable de archivo debe ser consciente de que su responsabilidad no es únicamente **almacenar documentos**, sino garantizar que esos documentos estarán **siempre disponibles, seguros y actualizados**.

2.1.2 Elementos de hardware: CPU, almacenamiento y periféricos

Para comprender cómo funciona un sistema de archivo electrónico es imprescindible conocer primero la **base física que lo soporta: el hardware**. Aunque a menudo hablamos de "los ordenadores" de manera genérica, en realidad estos equipos están compuestos por múltiples componentes que cumplen funciones muy específicas.

En el ámbito de la gestión documental, cada uno de esos elementos desempeña un papel crucial. La **CPU** (Unidad Central de Proceso) se encarga de ejecutar las instrucciones y procesar los datos, los **sistemas de almacenamiento** garantizan la conservación de la información a corto, medio y largo plazo, y los **periféricos** permiten interactuar con los documentos, ya sea para introducirlos en el sistema (por ejemplo, mediante escáneres) o para reproducirlos (impresoras, proyectores).

Sin un hardware adecuado, incluso el mejor software de gestión documental sería inútil. Por eso, este apartado busca explicar con detalle qué son, cómo funcionan y qué papel cumplen los principales componentes de hardware en un sistema de archivo electrónico.

La Unidad Central de Proceso (CPU)

La CPU es el **cerebro del ordenador**. Su función principal es interpretar las instrucciones de los programas y ejecutar los cálculos necesarios para que todo el sistema funcione.

En gestión documental, la CPU influye directamente en la **velocidad con la que se abren los archivos, se realizan búsquedas o se indexan documentos**. Cuanto mayor sea su capacidad de procesamiento, más fluido será el trabajo del usuario.

Características principales de la CPU:

- ▼ **Velocidad de reloj**: se mide en gigahercios (GHz) y determina cuántas operaciones puede ejecutar por segundo.

- ▼ **Número de núcleos**: cada núcleo es como un "mini procesador" dentro de la CPU. Los equipos modernos cuentan con varios núcleos (4, 8 o más), lo que permite realizar varias tareas en paralelo.

- ▼ **Memoria caché**: es una memoria interna ultrarrápida que almacena instrucciones y datos de uso frecuente para acelerar el procesamiento.

Ejemplo

En una empresa que gestiona **expedientes digitalizados de clientes**, una CPU de cuatro núcleos a 3,5 GHz permitirá abrir y procesar simultáneamente cientos de documentos PDF sin ralentizarse, mientras que una CPU más antigua podría quedarse bloqueada con la misma tarea.

Sistemas de almacenamiento

Si la CPU es el cerebro, el **almacenamiento es la memoria** que conserva los documentos en el tiempo. En un sistema de archivo electrónico, este es uno de los elementos más críticos, ya que la pérdida de datos puede tener consecuencias legales, financieras y reputacionales para la empresa.

Existen diferentes tipos de almacenamiento que se combinan para dar soporte al archivo electrónico:

1. **Discos duros magnéticos (HDD)**

   a) Utilizan platos magnéticos y un cabezal lector.

   b) Son más económicos y con gran capacidad de almacenamiento.

   c) Su principal inconveniente es la menor velocidad y mayor fragilidad frente a golpes.

2. **Unidades de estado sólido (SSD)**

   a) No tienen partes móviles, lo que las hace más rápidas y resistentes.

   b) Reducen considerablemente el tiempo de apertura y búsqueda de documentos.

   c) Son más caras por gigabyte, aunque sus precios han bajado en los últimos años.

3. **Servidores y almacenamiento en red (NAS, SAN)**

   a) Permiten que varios usuarios accedan a la misma información desde diferentes equipos.

   b) Son fundamentales en empresas con volúmenes grandes de documentación.

4. **Almacenamiento en la nube**

   a) Servicios externos que permiten guardar y consultar archivos desde cualquier lugar con conexión a internet.

   b) Ofrecen escalabilidad y copias redundantes, aunque requieren especial atención a la seguridad y al cumplimiento normativo (ejemplo: RGPD en Europa).

Ejemplo comparativo

▸ Una **pequeña empresa de abogados** puede organizar su archivo con discos SSD locales para acceder rápido a los expedientes.

▸ Una **multinacional** necesita un sistema de servidores centralizados o almacenamiento en la nube para permitir el trabajo colaborativo de cientos de empleados en diferentes países.

Periféricos en la gestión documental

Los periféricos son los dispositivos que permiten al usuario **introducir, reproducir o visualizar la información almacenada**. En un sistema de archivo electrónico, los más relevantes son:

▸ **Escáneres**: fundamentales para convertir documentos en papel a formato digital. Pueden ser de sobremesa, de red o escáneres de alta producción.

▸ **Impresoras y multifuncionales**: aunque la tendencia es reducir el uso del papel, todavía se necesitan para copias físicas, facturas o informes.

▸ **Monitores de alta resolución**: permiten revisar documentos con mayor comodidad y exactitud.

▸ **Dispositivos de respaldo**: como grabadoras externas, discos USB o cintas magnéticas, que se utilizan para copias de seguridad.

▸ **Sistemas de digitalización avanzada**: por ejemplo, lectores de códigos QR o dispositivos de captura biométrica en entornos de alta seguridad.

Ejemplo

Un departamento de recursos humanos recibe 500 currículums en papel para un proceso de selección. Gracias a un escáner de alimentación automática, todos los documentos se digitalizan en pocas horas y se incorporan al sistema de gestión documental, donde se indexan y pueden consultarse rápidamente.

CPU, almacenamiento y periféricos

Elemento	Función principal	Importancia en gestión documental	Ejemplo
CPU.	Procesar datos y ejecutar instrucciones.	Determina la velocidad de apertura, búsqueda y edición de documentos.	Procesar grandes lotes de facturas en segundos.
Almacenamiento.	Conservar la información a corto y largo plazo.	Evita la pérdida de datos y facilita el acceso ordenado.	Uso de SSD para expedientes legales con acceso rápido.
Periféricos.	Introducir, reproducir y visualizar la información.	Permiten digitalizar y acceder a documentos físicos o electrónicos.	Escanear contratos firmados para archivarlos en el sistema.

Nota

Un error común de los estudiantes es pensar que la gestión documental depende solo del software utilizado. En realidad, sin un hardware bien dimensionado y mantenido, incluso el mejor programa puede resultar ineficaz.

En la práctica profesional, el responsable de archivos debe ser capaz de recomendar qué hardware es más adecuado para las necesidades de la empresa, considerando factores como:

- el volumen de documentación,
- el número de usuarios que accederán al sistema,
- el presupuesto disponible,
- y los requisitos de seguridad y confidencialidad.

2.1.3 Componentes de redes locales y supervisión de conexiones

En la actualidad, ningún sistema de archivo electrónico funciona de manera aislada. La información ya no se guarda en un único ordenador como ocurría en los primeros años de la informática, sino que forma parte de un entorno compartido en el que distintos usuarios acceden simultáneamente a los documentos. Para que esto sea posible, se requiere una **red local (LAN, Local Area Network)** que conecte todos los equipos de una empresa, permitiendo la transmisión rápida, segura y eficiente de los datos.

La red es, en este sentido, **la columna vertebral de la gestión documental moderna**. Si el hardware básico (CPU, almacenamiento y periféricos) constituye el cuerpo del sistema, la red es el sistema circulatorio que transporta la información allí donde se necesita. Sin una red correctamente diseñada y supervisada, los documentos pueden quedar inaccesibles, duplicarse de forma innecesaria o, lo que es peor, perderse en transferencias defectuosas.

Este apartado analizará en detalle los **principales componentes de una red local**, el papel que desempeñan en la gestión documental y la importancia de realizar una supervisión continua de las conexiones para garantizar la integridad de la información.

Componentes principales de una red local

Para que una red local funcione de manera correcta, intervienen varios elementos físicos y lógicos que se interconectan entre sí.

a) **Servidores**

Los **servidores** son ordenadores especialmente configurados para ofrecer servicios al resto de equipos de la red (clientes). En gestión documental, el servidor suele actuar como **repositorio central de los archivos**, donde se almacenan y desde donde se distribuyen a los usuarios autorizados.

Ejemplo

En una empresa de ingeniería, todos los planos de proyectos se guardan en un servidor central. Los arquitectos, ingenieros y administrativos acceden a ellos desde sus propios ordenadores, evitando duplicidades.

---

b) **Estaciones de trabajo**

Son los **ordenadores de los usuarios** conectados a la red. Cada estación puede acceder a los documentos según los permisos asignados. La correcta configuración de estas estaciones es esencial para evitar riesgos de seguridad (por ejemplo, accesos indebidos).

c) **Switches y hubs**

- **Hub**: dispositivo básico que envía los datos a todos los equipos conectados, aunque solo uno los necesite.

- **Switch**: más avanzado, ya que dirige los datos únicamente al equipo que los solicita, optimizando la velocidad y reduciendo el tráfico innecesario.

Ejemplo

En una oficina pequeña, un hub puede ser suficiente, pero en una empresa con muchos usuarios se requieren switches para que la red no se colapse cuando todos intentan acceder a los documentos al mismo tiempo.

d) **Routers**

Los **routers** permiten la conexión de la red local con otras redes, como internet. En un sistema de archivo electrónico, el router es fundamental cuando los empleados necesitan **acceder de forma remota a la documentación**, por ejemplo, desde el teletrabajo o desde una delegación.

e) **Cableado y conectividad inalámbrica**

La red puede construirse de dos maneras:

- **Cableado estructurado**: mediante cables de par trenzado (Ethernet) que ofrecen mayor velocidad y seguridad.

- **Conexión inalámbrica (Wi-Fi)**: más flexible y cómoda, aunque potencialmente menos segura y con más interferencias.

En la práctica, la mayoría de empresas combinan ambas opciones: cableado para puestos fijos y Wi-Fi para portátiles y dispositivos móviles.

f) Supervisión de las conexiones

No basta con instalar los componentes de la red: es necesario supervisar su funcionamiento de manera constante. Esta supervisión garantiza que los documentos se transmiten sin errores, que no hay interrupciones en el acceso y que no se producen accesos no autorizados.

Aspectos clave en la supervisión:

1. **Monitorización del tráfico**: permite detectar si hay saturación de la red o accesos sospechosos.

2. **Revisión de la seguridad**: uso de firewalls, contraseñas seguras y protocolos de encriptación.

3. **Comprobación de copias de seguridad**: asegurarse de que las transferencias no corrompen archivos.

4. **Detección de incidencias**: desconexiones inesperadas, caídas de servidores o problemas de ancho de banda.

Ejemplo

Una gestoría con 30 empleados detecta que cada mañana la red funciona con lentitud durante media hora. La supervisión revela que varios equipos realizan copias de seguridad automáticas al mismo tiempo, saturando el ancho de banda. La solución fue programar esas copias en horarios escalonados.

Cableado vs. Wi-Fi en gestión documental

Aspecto	Cableado estructurado (Ethernet)	Conexión inalámbrica (Wi-Fi)
Velocidad.	Alta y estable.	Media, sujeta a interferencias.
Seguridad.	Mayor, difícil de interceptar.	Menor, requiere cifrado WPA3.
Flexibilidad.	Limitada a puestos fijos.	Alta, movilidad dentro de la oficina.
Coste inicial.	Más elevado (instalación de cables).	Más económico.
Uso recomendado.	Archivos críticos y acceso intensivo.	Acceso ocasional y dispositivos móviles.

Nota

Para un estudiante sin experiencia en redes, puede parecer complejo entender la diferencia entre cada componente. Una buena forma de visualizarlo es comparando la red con una autopista:

- ▸ Los **servidores** serían las ciudades donde se guardan los recursos.

- ▸ Los **switches** serían las salidas que redirigen a cada vehículo al destino correcto.

- ▸ Los **routers** serían los peajes que permiten salir de la autopista hacia otras carreteras (internet).

- ▸ El **cableado** sería la carretera física y el **Wi-Fi**, un puente aéreo que conecta los destinos sin necesidad de asfalto.

La clave es comprender que cada elemento cumple un rol específico y que la supervisión de la red equivale al **mantenimiento del tráfico**, evitando atascos, accidentes o intrusiones no deseadas.

2.1.4 Elementos de software: instalación, actualización y desinstalación

El hardware, como hemos visto, constituye la base física de un sistema de archivo electrónico: ordenadores, servidores, redes y periféricos. Sin embargo, estos elementos no pueden funcionar por sí solos. Para que cobren vida, necesitan el **software**, es decir, los programas y sistemas que permiten gestionar la información.

En el ámbito de la gestión documental, el software es tan importante como el propio archivo en papel o el mobiliario que lo contiene. De hecho, podríamos decir que el software es el **"cerebro operativo"** que da sentido a todos los componentes físicos. Gracias a él, los usuarios pueden crear carpetas, registrar documentos, clasificarlos por categorías, realizar búsquedas rápidas y establecer controles de acceso.

La correcta instalación, actualización y desinstalación del software es un aspecto crítico en la gestión de archivos electrónicos. No se trata solo de poner en marcha un programa, sino de garantizar que está correctamente configurado, que se mantiene vigente y libre de vulnerabilidades, y que puede retirarse sin dejar rastros que comprometan la seguridad o el rendimiento del sistema.

a) **Instalación de software**

La instalación es el primer paso en la vida útil de un programa. Consiste en integrar la aplicación en el sistema operativo para que esté disponible para los usuarios.

Aspectos clave en la instalación

- **Compatibilidad**: el software debe ser compatible con el sistema operativo (Windows, Linux, macOS) y con el hardware disponible.

- **Configuración inicial**: durante la instalación se determinan rutas de almacenamiento, permisos de usuario y, en algunos casos, parámetros de seguridad.

- **Licencias**: es fundamental asegurarse de que el programa cuenta con una licencia válida para evitar problemas legales.

Ejemplo

Una empresa de asesoría instala un software de gestión documental que permite digitalizar facturas y clasificarlas automáticamente. Durante la instalación, se asignan distintos permisos: el departamento contable tiene acceso total, mientras que el de recursos humanos solo puede consultar determinadas carpetas.

---

b) **Actualización de software**

El software no es un producto estático. Con el tiempo, los fabricantes detectan fallos, añaden nuevas funciones y refuerzan la seguridad. Por ello, es esencial mantener los programas **actualizados**.

Tipos de actualizaciones

- **Correctivas**: solucionan errores detectados en versiones anteriores.
- **De seguridad**: cierran vulnerabilidades que podrían ser aprovechadas por ciberataques.
- **Evolutivas**: incorporan nuevas funcionalidades que mejoran el rendimiento o añaden opciones útiles.

Riesgos de no actualizar

- Mayor exposición a virus y malware.
- Incompatibilidad con nuevos formatos de archivo.
- Fallos en la recuperación o almacenamiento de documentos.

Ejemplo

Un archivo digital de historias clínicas médicas utiliza un software que no se actualizó durante dos años. Una vulnerabilidad no corregida permitió un acceso indebido a datos sensibles. Tras este incidente, la organización adoptó una política estricta de actualizaciones mensuales.

c) **Desinstalación de software**

La desinstalación es el proceso de eliminar un programa del sistema cuando ya no se utiliza, ha quedado obsoleto o presenta incompatibilidades.

Importancia de una desinstalación correcta

- **Recuperación de espacio**: los programas ocupan memoria en disco y pueden ralentizar el sistema.
- **Evitar conflictos**: algunos programas antiguos pueden interferir con los más recientes.
- **Seguridad**: dejar software en desuso instalado supone un riesgo, ya que puede no recibir parches de seguridad.

Ejemplo

En un despacho de abogados, un antiguo software de digitalización quedó en desuso tras instalarse uno más moderno. Sin embargo, no se desinstaló. Con el tiempo, este programa sin soporte permitió la entrada de un virus que comprometió varios expedientes digitales.

Fases del ciclo de vida del software

Fase	Objetivo principal	Ejemplo en gestión documental	Riesgo de una mala práctica
Instalación.	Poner en marcha y configurar el programa.	Instalar un software de archivo en la red.	Configuración incorrecta → accesos indebidos.
Actualización.	Mantener seguro y vigente el sistema.	Actualizar versión de antivirus corporativo.	Vulnerabilidad aprovechada por malware.
Desinstalación.	Retirar programas obsoletos.	Eliminar un software de OCR en desuso.	Dejar programas viejos → puerta de entrada a ataques.

Nota

Para los estudiantes que se inician en este campo, puede resultar útil pensar en el software como en una herramienta de trabajo físico. Igual que una fábrica necesita montar correctamente una máquina (instalación), mantenerla en buen estado mediante engrases y revisiones (actualización) y retirarla cuando ya no es útil (desinstalación), los programas requieren un ciclo de vida cuidado para que cumplan su función sin riesgos ni interrupciones.

2.1.5 Equipos de reproducción documental

En la gestión de archivos electrónicos y físicos, no basta con almacenar y organizar la información: en muchas ocasiones es necesario **reproducirla**, es decir, generar copias idénticas de los documentos originales para distintos fines. Estas copias pueden ser utilizadas para trámites internos, para entregar a terceros, para conservar como respaldo o incluso para digitalizar archivos que originalmente estaban en papel.

Los **equipos de reproducción documental** desempeñan, por tanto, un papel fundamental dentro de cualquier sistema de archivo. No se trata solo de herramientas técnicas, sino de **instrumentos estratégicos** que permiten garantizar la accesibilidad, la seguridad y la conservación de la información a largo plazo.

En este apartado vamos a estudiar los principales equipos de reproducción, su funcionamiento, sus ventajas y limitaciones, así como las medidas de seguridad y buenas prácticas asociadas a su uso.

Tipos de equipos de reproducción documental

a) **Fotocopiadoras**

Las **fotocopiadoras** han sido durante décadas el equipo por excelencia en oficinas y centros administrativos. Permiten obtener copias rápidas en papel a partir de un documento original.

- **Ventajas**: rapidez, bajo coste por copia en grandes volúmenes, simplicidad de uso.

- **Limitaciones**: ocupan espacio, consumen papel y tóner, y no siempre ofrecen calidad en imágenes o documentos con mucho color.

Ejemplo

En un despacho contable, un cliente solicita copia física de las facturas de los últimos tres meses. La fotocopiadora permite reproducir rápidamente las facturas archivadas sin necesidad de entregar los originales.

---

b) **Escáneres**

Los **escáneres** transforman documentos en papel en archivos digitales, lo que facilita su archivo electrónico, su distribución por correo electrónico y su conservación a largo plazo.

- **Ventajas**: permiten digitalizar documentos, mejorar su accesibilidad y reducir el uso de papel.

- **Limitaciones**: requieren almacenamiento digital adecuado y pueden tener limitaciones en cuanto a velocidad y calidad según el modelo.

Ejemplo

Una clínica médica digitaliza diariamente los consentimientos informados firmados en papel para integrarlos en la historia clínica electrónica de cada paciente.

c) **Impresoras multifunción**

Las **impresoras multifunción** combinan las funciones de impresora, escáner y fotocopiadora en un solo dispositivo. Hoy en día son muy comunes en pymes y departamentos administrativos.

- **Ventajas**: ahorro de espacio, integración de funciones y conectividad en red.

- **Limitaciones**: si el equipo falla, se pierden varias funciones a la vez.

Ejemplo

En una asesoría laboral, el personal utiliza una multifunción para imprimir contratos, escanear documentos de la Seguridad Social y fotocopiar nóminas, todo desde un único dispositivo conectado a la red interna.

d) Sistemas de microfilmación

Aunque menos comunes en la actualidad, los sistemas de **microfilmación** todavía se utilizan en archivos históricos o institucionales que buscan conservar documentación durante décadas.

- **Ventajas**: alta durabilidad (hasta 100 años en condiciones adecuadas), difícil manipulación indebida.

- **Limitaciones**: requieren equipos específicos para lectura y no son fácilmente accesibles para usuarios sin formación.

Ejemplo

Un archivo municipal conserva en microfilm actas plenarias desde mediados del siglo XX, garantizando así que la información se mantenga intacta a pesar del paso del tiempo.

Equipos de reproducción documental

Equipo	Función principal	Ventajas	Limitaciones
Fotocopiadora.	Copiar documentos en papel.	Rapidez, bajo coste.	Uso intensivo de papel y tóner.
Escáner.	Digitalizar documentos.	Conservación digital, acceso remoto.	Necesidad de almacenamiento digital.
Impresora multifunción.	Copiar, escanear e imprimir.	Ahorro de espacio y conectividad.	Riesgo de fallo múltiple.
Microfilmadora.	Preservar documentos en largo plazo.	Alta durabilidad.	Acceso limitado y especializado.

Buenas prácticas en el uso de equipos de reproducción documental

1. **Controlar los accesos**: solo personal autorizado debe poder reproducir documentación sensible.

2. **Uso responsable de consumibles**: optimizar el uso de papel y tóner para reducir costes y el impacto ambiental.

3. **Mantenimiento preventivo**: revisar periódicamente los equipos para evitar atascos, fallos en digitalización o problemas de impresión.

4. **Calidad de las copias**: comprobar que los documentos reproducidos son legibles y fieles al original.

5. **Digitalización como prioridad**: siempre que sea posible, optar por el escaneo para reducir la dependencia del papel.

Nota

Para comprender la importancia de los equipos de reproducción documental, podemos compararlos con puentes de comunicación: conectan el mundo físico con el digital, y permiten que la información fluya entre distintos soportes sin perderse en el proceso. Dominar su uso es esencial para cualquier profesional administrativo, ya que garantiza la disponibilidad y seguridad de los documentos, incluso en entornos donde conviven soportes tradicionales y digitales.

2.2 OPTIMIZACIÓN DE SISTEMAS OPERATIVOS

Cuando hablamos de sistemas operativos, la mayoría de las personas piensa automáticamente en programas muy conocidos como **Windows, Linux o macOS**. Estos sistemas son, efectivamente, la base que permite poner en marcha un ordenador y ejecutar las aplicaciones que utilizamos a diario: procesadores de texto, hojas de cálculo, navegadores web, programas de contabilidad o software de gestión empresarial. No obstante, en el contexto de la **gestión administrativa y documental**, el sistema operativo adquiere una dimensión mucho más profunda: deja de ser únicamente la "puerta de entrada" al equipo y se convierte en una **pieza estratégica** para organizar, proteger y optimizar la información que se maneja dentro de las empresas. Un **sistema operativo (SO)** puede definirse como el conjunto de programas que actúan como **intermediarios entre el usuario y el hardware**. Gracias a él, los distintos recursos del equipo —procesador, memoria RAM, dispositivos de almacenamiento, periféricos de entrada y salida— pueden funcionar de forma coordinada, asegurando que todas las aplicaciones trabajen sin conflictos. Por tanto, un buen conocimiento de su estructura y de sus posibilidades es imprescindible para cualquier profesional administrativo que gestione datos, documentos o comunicaciones. La correcta **configuración y optimización del sistema operativo** repercute directamente en la **productividad de una organización**. Pensemos, por ejemplo, en la diferencia entre un ordenador mal configurado, que tarda varios minutos en encenderse o en abrir un archivo, frente a otro optimizado, que responde de manera rápida y eficiente. No se trata solo de comodidad: la velocidad en el acceso a los datos, la seguridad en el manejo de archivos, la posibilidad de compartir información en red y la facilidad de uso para los trabajadores influyen de manera decisiva en la **eficiencia del trabajo administrativo**.

Clasificación de los sistemas operativos

En función de su arquitectura y de la forma en que gestionan a los usuarios, los sistemas operativos pueden clasificarse en diferentes categorías. Entre las más habituales se encuentran:

a) **Sistemas monousuarios**: diseñados para que solo una persona utilice el equipo en un momento dado. Son habituales en ordenadores personales destinados a tareas individuales.

b) **Sistemas multiusuario**: permiten que varios usuarios trabajen de manera simultánea en un mismo equipo o servidor, garantizando que los recursos se repartan de forma segura y ordenada.

c) **Sistemas en red**: orientados a facilitar la comunicación y el intercambio de datos entre múltiples dispositivos conectados, ya sea dentro de una red local (LAN) o a través de internet.

Conocer las diferencias entre estas modalidades es esencial para poder escoger la configuración adecuada en cada organización, ya que no es lo mismo gestionar un pequeño despacho con un ordenador por persona que coordinar una empresa con varios departamentos conectados a un mismo servidor central.

Más allá de la superficie: funciones y comandos esenciales

Un error común en los entornos de oficina es pensar que **saber usar el sistema operativo consiste únicamente en manejar su interfaz gráfica**: hacer clic en iconos, mover carpetas o cambiar el fondo de pantalla. En realidad, el sistema operativo ofrece un abanico mucho más amplio de funciones, que incluyen desde la **configuración de la seguridad** hasta la **automatización de procesos repetitivos**.

Un buen profesional administrativo debe familiarizarse con:

▸ Las **funciones básicas** de administración del sistema.

▸ Los **comandos esenciales**, que permiten realizar operaciones rápidas y avanzadas sin depender exclusivamente del entorno gráfico.

▸ Las **herramientas integradas**, como el administrador de tareas, el panel de control, los gestores de usuarios o las utilidades de copia de seguridad.

▸ Dominar estos recursos permite **ahorrar tiempo, reducir errores y mejorar la seguridad de la información**. Por ejemplo, saber cómo crear una copia de seguridad automática de las facturas de cada mes puede evitar graves problemas en caso de fallo técnico o ciberataque.

Competencias clave para el profesional administrativo

Un trabajador que domine las competencias relacionadas con la optimización del sistema operativo será capaz de:

▼ **Garantizar la estabilidad del equipo**: minimizando errores, bloqueos y pérdidas de información.

▼ **Configurar accesos y permisos**: ajustando los niveles de confidencialidad de acuerdo con la normativa vigente en protección de datos.

▼ **Optimizar los recursos disponibles**: sacando el máximo provecho de la memoria, la velocidad del procesador y el espacio de almacenamiento.

▼ **Integrar los equipos en redes locales o corporativas**: facilitando la colaboración entre departamentos y mejorando la eficiencia del trabajo colectivo.

Conclusión

En definitiva, estudiar la optimización de los sistemas operativos no significa únicamente aprender a **manejar un ordenador**. Significa comprender el papel estratégico que juega el sistema operativo en la **gestión de la información empresarial**, en la seguridad de los datos y en la productividad de la organización.

A lo largo de este capítulo, analizaremos con detalle las características de los **sistemas monousuario, multiusuario y en red**, veremos sus funciones más importantes, exploraremos los comandos y herramientas esenciales, y aprenderemos cómo utilizarlos para trabajar de manera **más eficaz, segura y profesional**.

2.2.1 Monousuario, multiusuario y en red: características básicas

Cuando hablamos de **tipos de sistemas operativos**, lo primero que debemos tener en cuenta es que no todos funcionan de la misma manera ni están diseñados para los mismos contextos. Al igual que una bicicleta puede ser perfecta para moverse dentro de una ciudad, mientras que un autobús resulta más adecuado para transportar a muchas personas, los sistemas operativos también se adaptan a las necesidades de cada usuario y de cada organización.

En el ámbito de la **gestión administrativa y documental**, esta clasificación cobra especial relevancia. No es lo mismo que un empleado utilice un ordenador en solitario para redactar documentos, que una empresa con cien trabajadores necesite acceder de forma simultánea a una misma base de datos, o que una organización opere en varias sedes y deba compartir información en tiempo real a través de una red. Cada situación exige un tipo de sistema operativo distinto, con características específicas en cuanto a **gestión de usuarios, seguridad, velocidad de acceso, capacidad de almacenamiento y posibilidad de comunicación** entre equipos.

Para comprender mejor esta realidad, distinguimos tres grandes categorías:

a) **Sistemas monousuarios**: pensados para que un único usuario trabaje en un momento dado. Suelen emplearse en entornos domésticos, oficinas pequeñas o tareas individuales en empresas.

b) **Sistemas multiusuario**: diseñados para permitir el acceso de varios usuarios al mismo tiempo, gestionando de manera ordenada los recursos del sistema. Son comunes en servidores, grandes compañías o universidades.

c) **Sistemas en red**: enfocados en la comunicación e intercambio de datos entre distintos equipos, de forma que se crea un entorno colaborativo donde varios ordenadores comparten recursos y aplicaciones.

Conocer sus características básicas es fundamental porque determina cómo se organizan los flujos de trabajo, qué medidas de seguridad deben aplicarse y qué nivel de inversión en hardware y software será necesario.

Un error frecuente en los estudiantes es pensar que estas diferencias son meramente técnicas. Sin embargo, en la práctica diaria, pueden marcar la diferencia entre una gestión documental ágil y segura o un sistema ineficiente lleno de problemas: desde retrasos en el acceso a la información hasta riesgos graves de pérdida de datos.

Por eso, antes de profundizar en funciones, comandos y herramientas de optimización, resulta clave detenernos en este punto y comprender qué significa que un sistema operativo sea monousuario, multiusuario o en red, cuáles son sus ventajas y limitaciones, y en qué contextos es más adecuado utilizar uno u otro.

2.2.2 Monousuario, multiusuario y en red: características básicas

En el ámbito de la gestión documental y archivística, la forma en que se accede comparte y administra la información depende directamente del tipo de sistema utilizado. Comprender las diferencias entre los entornos monousuario, multiusuario y en red resulta esencial para seleccionar la solución tecnológica más adecuada según el volumen de documentación, la estructura organizativa y las necesidades de colaboración del personal.

Un sistema monousuario es aquel en el que solo una persona puede acceder y trabajar sobre el archivo o base de datos documental en cada momento. Toda la información se almacena localmente en el ordenador del usuario, lo que simplifica su instalación y mantenimiento, pero limita la colaboración. Este tipo de sistema suele emplearse en pequeñas oficinas o departamentos unipersonales, donde no existe la necesidad de compartir simultáneamente documentos.

Su principal ventaja radica en la seguridad y control directo de la información, pero presenta inconvenientes en cuanto a actualización de datos, duplicación de archivos y accesibilidad desde otros puestos de trabajo.

Por el contrario, un sistema multiusuario permite que varias personas trabajen simultáneamente sobre un mismo fondo documental. Este modelo requiere que los archivos se almacenen en un servidor o unidad compartida, de manera que distintos usuarios puedan acceder, consultar o modificar documentos según los permisos de acceso asignados.

El uso de perfiles de usuario (administrador, editor, lector, etc.) garantiza la integridad de la información y evita conflictos por modificaciones simultáneas. Este sistema es el más común en departamentos administrativos, archivos centrales o unidades de recursos humanos, donde distintos trabajadores deben consultar y actualizar expedientes, registros o facturas dentro de un entorno común.

El siguiente nivel es el sistema en red, que extiende el acceso a la información más allá del entorno físico de la oficina. Los sistemas en red pueden funcionar en redes locales (LAN) o en entornos cloud (nube), lo que permite acceder a la documentación desde diferentes ubicaciones, incluso de manera remota. Este modelo es clave en la transformación digital de los archivos, ya que facilita la colaboración entre sedes, la digitalización de documentos, la sincronización automática de datos, y la implantación de copias de seguridad y medidas de seguridad avanzadas (cifrado, autenticación, control de versiones, etc.).

La elección del sistema más adecuado depende de factores como:

- El número de usuarios que deben acceder al archivo.
- El nivel de confidencialidad de los documentos gestionados.
- La infraestructura tecnológica disponible (servidores, red interna, conexión segura).
- Las necesidades de trabajo colaborativo y acceso remoto.

En definitiva, la diferencia entre sistemas monousuario, multiusuario y en red no se limita a la cantidad de usuarios conectados, sino que implica una forma distinta de gestionar la información, el control de versiones, la seguridad de los datos y la eficiencia en los procesos archivísticos. Comprender sus características es clave para implantar un sistema documental moderno, seguro y adaptado a las exigencias de la gestión administrativa actual.

2.2.2.1 SISTEMAS MONOUSUARIOS

Un **sistema operativo monousuario** es aquel que permite trabajar únicamente a un usuario a la vez. Esto no significa que el ordenador no pueda tener varias cuentas registradas, sino que, en un momento concreto, solo una persona puede estar utilizando sus recursos (procesador, memoria, disco duro, etc.).

Se trata del modelo más simple y extendido, especialmente en entornos domésticos, pequeñas oficinas o empresas familiares, donde no existe la necesidad de que varios empleados accedan simultáneamente al mismo equipo.

Características principales

▶ **Acceso exclusivo**: un único usuario controla todos los recursos en el momento de uso.

▶ **Simplicidad**: requieren menos configuración que los sistemas multiusuario o en red.

▶ **Coste reducido**: no necesitan servidores ni infraestructuras avanzadas.

▶ **Seguridad básica**: la protección suele centrarse en contraseñas locales o antivirus.

Ejemplo

Imaginemos una pequeña asesoría donde el responsable administrativo utiliza un ordenador con Windows 11 para llevar la contabilidad. Ese equipo está configurado con su perfil personal y contiene todos los programas que necesita (Excel, Word, software de contabilidad). Nadie más puede usarlo al mismo tiempo, y si otra persona quiere trabajar, debe esperar a que el ordenador quede libre.

Nota

Un error habitual es pensar que "monousuario" significa que solo puede haber una cuenta de usuario creada en el sistema. En realidad, puede haber varias cuentas, pero solo una estará activa a la vez.

2.2.2.2 SISTEMAS MULTIUSUARIO

Con el desarrollo de la informática en entornos empresariales y educativos, surgió la necesidad de que **varias personas trabajaran al mismo tiempo en un mismo sistema**. Para cubrir esa necesidad se diseñaron los **sistemas multiusuario**, que permiten que diferentes usuarios accedan de manera simultánea, cada uno con sus propios permisos y configuraciones.

Este tipo de sistemas son muy utilizados en **servidores de bases de datos, universidades, grandes empresas y organismos públicos**, donde es frecuente que decenas o cientos de personas necesiten conectarse al mismo sistema de forma concurrente.

Características principales

- ▸ **Gestión simultánea**: varios usuarios trabajan en paralelo sin interferir entre sí.

- ▸ **Asignación de recursos**: el sistema reparte memoria, tiempo de procesador y almacenamiento entre los distintos usuarios.

- ▸ **Control de permisos**: cada usuario accede solo a la información que le corresponde.

- ▸ **Mayor complejidad**: requieren conocimientos técnicos más avanzados para su configuración y administración.

Ejemplo

En una universidad, el servidor central aloja una base de datos académica. Los profesores acceden para registrar calificaciones, los alumnos para consultar sus expedientes y el personal administrativo para generar certificados. Todo sucede a la vez, pero cada perfil tiene permisos distintos: un alumno no puede modificar las notas, y un profesor no puede acceder a la información económica de los estudiantes.

Monousuario vs. multiusuario

Aspecto	Monousuario	Multiusuario
Número de usuarios.	Solo uno a la vez.	Varios simultáneamente.
Complejidad técnica.	Baja.	Media o alta.
Seguridad.	Básica (contraseñas locales).	Avanzada (roles, permisos, auditorías).
Contexto de uso.	Hogar, microempresas.	Empresas grandes, universidades, bancos.

Conclusión

Los sistemas multiusuario son más complejos, pero resultan imprescindibles en entornos con alto volumen de información compartida. Garantizan eficiencia, seguridad y control en organizaciones donde la simultaneidad es la norma.

2.2.2.3 SISTEMAS EN RED

Los **sistemas operativos en red** representan un paso más allá: no solo permiten que varias personas usen el mismo equipo, sino que están pensados para conectar múltiples ordenadores entre sí, formando una **red local (LAN) o incluso redes más amplias**.

Su principal objetivo es facilitar la **comunicación y el intercambio de información entre dispositivos**, permitiendo compartir archivos, impresoras, programas e incluso bases de datos en tiempo real.

Estos sistemas son la base del trabajo colaborativo en la mayoría de las organizaciones modernas.

Características principales

- ▼ **Conexión entre equipos**: todos los dispositivos de la red pueden compartir información.

- ▼ **Recursos compartidos**: impresoras, carpetas, aplicaciones centralizadas.

- ▼ **Seguridad avanzada**: control de accesos a nivel de red, firewalls, encriptación de datos.

- ▼ **Escalabilidad**: permiten integrar nuevos equipos de manera sencilla.

Ejemplo

En una empresa de logística con varias delegaciones, los ordenadores de cada sede están conectados a un servidor central mediante una red privada virtual (VPN). Esto permite que cualquier empleado pueda acceder al sistema de inventario en tiempo real, evitando duplicidades y garantizando que todos trabajen con la misma información.

Multiusuario vs. en red

Aspecto	Multiusuario	En red
Enfoque principal.	Varios usuarios en un mismo equipo.	Conexión de varios equipos.
Recursos compartidos.	Procesador, memoria, almacenamiento.	Archivos, impresoras, bases de datos.
Seguridad.	Roles y permisos locales.	Seguridad de red, encriptación.
Escenario típico.	Universidades, bancos, servidores.	Empresas con varias sedes, oficinas.

Conclusión

Los sistemas en red han transformado la forma de trabajar en las organizaciones, permitiendo **colaboración en tiempo real, reducción de costes y mayor productividad**. Su dominio es esencial para cualquier profesional administrativo que desee comprender cómo fluye la información en la era digital.

2.2.3 Funciones y comandos esenciales

Todo sistema operativo, ya sea Windows, Linux o macOS, cumple una serie de funciones fundamentales que permiten que un ordenador pueda ser utilizado de forma práctica y segura. Estas funciones son la base sobre la que se apoyan los programas y aplicaciones que utilizamos en nuestro día a día. Sin un sistema operativo que organice los recursos, un ordenador sería simplemente un conjunto de piezas de hardware incapaces de trabajar de manera coordinada.

Para un profesional administrativo, comprender estas funciones es esencial. No se trata únicamente de "saber encender el ordenador" o abrir un programa, sino de entender cómo el sistema gestiona los recursos, cómo organiza los archivos, cómo protege la información y cómo permite que el usuario trabaje de manera más eficiente. Además, conocer los comandos básicos asociados a estas funciones no solo facilita el trabajo diario, sino que también permite resolver pequeños problemas sin necesidad de soporte técnico especializado.

A continuación, se desarrollan las funciones más relevantes de los sistemas operativos y se presentan los comandos esenciales que todo estudiante debe conocer.

2.2.3.1 FUNCIONES PRINCIPALES DE UN SISTEMA OPERATIVO

a) Gestión de recursos del hardware

El sistema operativo distribuye los recursos de la máquina (procesador, memoria, disco duro, periféricos) entre los programas que se ejecutan. Esto evita conflictos, como que dos aplicaciones quieran utilizar el mismo recurso al mismo tiempo.

Ejemplo

Cuando abrimos un programa de contabilidad mientras tenemos un navegador con varias pestañas, el sistema operativo reparte el tiempo de procesador para que ambas aplicaciones funcionen de manera fluida.

b) Organización de la información (sistema de archivos)

Otra función esencial es organizar la información en archivos y carpetas, de modo que pueda localizarse fácilmente. Sin un sistema de archivos, todos los datos serían un conjunto de bits desordenados e ininteligibles.

Ejemplo

Cuando guardamos un contrato en la carpeta "Clientes 2025", el sistema operativo registra no solo el contenido del archivo, sino también su ubicación, fecha de creación y posibles permisos de acceso.

c) Interfaz con el usuario

El sistema operativo actúa como intermediario entre la máquina y la persona. Puede hacerlo mediante interfaces gráficas (ventanas, iconos, menús) o mediante interfaces de línea de comandos.

Ejemplo

En Windows, un usuario puede crear una carpeta haciendo clic derecho en el explorador; en Linux, esa misma acción se puede realizar escribiendo el comando mkdir.

d) Seguridad y control de accesos

El sistema operativo protege la información almacenada frente a accesos no autorizados. Esto se logra a través de usuarios, contraseñas, permisos y sistemas de encriptación.

Ejemplo

En una empresa, los empleados de administración pueden acceder a la carpeta "Facturación", pero no a "Recursos Humanos", que está restringida a otro departamento.

e) Control de procesos

Un ordenador puede ejecutar varios programas a la vez. El sistema operativo organiza qué procesos están en funcionamiento, cuáles están en segundo plano y qué recursos necesitan.

Ejemplo

Al imprimir un documento, el sistema operativo gestiona la cola de impresión y ordena qué archivo debe imprimirse primero.

f) Comunicación entre equipos

En sistemas en red, el sistema operativo se encarga de facilitar la comunicación entre ordenadores, asegurando que la transferencia de archivos y datos sea correcta.

Ejemplo

Al enviar un archivo compartido en una red local, el sistema operativo se encarga de empaquetar la información, enviarla y verificar que llegue íntegra.

2.2.3.2 COMANDOS ESENCIALES EN SISTEMAS OPERATIVOS

Además de las funciones, los sistemas operativos ponen a disposición de los usuarios comandos básicos que permiten realizar acciones rápidas y, en algunos casos, solucionar incidencias. Aunque hoy en día predominan las interfaces gráficas, dominar los comandos sigue siendo muy útil para un profesional.

a) **Comandos para la gestión de archivos**

- mkdir: crear una carpeta.
- rmdir: eliminar una carpeta vacía.
- copy / cp: copiar archivos de un lugar a otro.
- del / rm: borrar archivos.
- dir / ls: listar el contenido de un directorio.

Ejemplo

Si un administrativo necesita organizar facturas, puede crear una carpeta con mkdir facturas_2025 y copiar los documentos con cp contrato. pdf facturas_2025/.

b) **Comandos para la gestión de usuarios y seguridad**

- net user (Windows) o adduser (Linux): añadir nuevos usuarios.
- passwd: cambiar la contraseña de un usuario.
- whoami: muestra qué usuario está activo.
- chmod (Linux): cambiar permisos de archivos.

Ejemplo

En un servidor multiusuario, un administrador puede crear una cuenta específica para cada empleado y asignar permisos distintos a sus carpetas.

c) **Comandos para la gestión de procesos**

- tasklist (Windows) o ps (Linux): ver procesos en ejecución.
- taskkill (Windows) o kill (Linux): finalizar procesos.
- top (Linux): mostrar en tiempo real el consumo de recursos.

Ejemplo

Si una aplicación deja de responder, en lugar de reiniciar todo el ordenador, se puede localizar el proceso problemático con tasklist o ps y cerrarlo con taskkill o kill.

d) **Comandos para la gestión de red**

- ping: comprobar la conexión con otro equipo o servidor.
- ipconfig (Windows) o ifconfig (Linux): mostrar configuración de red.
- netstat: revisar las conexiones de red activas.

Ejemplo

Si no se puede acceder a la sede electrónica de la Agencia Tributaria, el usuario puede probar con ping aeat.es para comprobar si la conexión funciona.

Conclusión

El conocimiento de las funciones esenciales del sistema operativo y de los comandos básicos proporciona al profesional administrativo una ventaja importante: no solo le permite usar el ordenador de manera eficiente, sino también resolver incidencias, optimizar recursos y garantizar la seguridad de la información.

Nota

Aunque las interfaces gráficas facilitan el trabajo, el dominio de comandos ofrece un nivel de control mucho más avanzado que puede marcar la diferencia en situaciones críticas.

2.2.4 Herramientas integradas en el sistema operativo

Los sistemas operativos no son únicamente la base que permite que un ordenador funcione y gestione sus recursos. Además, incorporan un conjunto de herramientas integradas que facilitan al usuario realizar tareas de mantenimiento, organización y seguridad sin necesidad de recurrir a programas externos. Estas herramientas constituyen un auténtico "kit básico" que todo profesional debe conocer, ya que ofrecen soluciones rápidas a problemas comunes y, en muchos casos, permiten optimizar el rendimiento de los equipos de forma sencilla.

Para un estudiante de gestión administrativa o documental, el dominio de estas utilidades es clave. No se trata únicamente de conocer qué hacen, sino de comprender para qué sirven, cómo se aplican y en qué situaciones son más útiles. Gracias a ellas, se puede verificar el estado del sistema, proteger la información, liberar espacio de almacenamiento, actualizar programas o incluso restaurar el equipo en caso de fallos.

El uso correcto de estas herramientas no solo repercute en la productividad personal, sino que tiene un impacto directo en la eficiencia de toda la organización. Una empresa que mantiene sus sistemas operativos optimizados evita pérdidas de tiempo por averías, reduce riesgos de seguridad y mejora la fiabilidad de sus procesos internos.

En este apartado veremos las herramientas integradas más habituales, presentes tanto en sistemas operativos de uso común como Windows, Linux o macOS, y las clasificaremos según su función principal: seguridad, mantenimiento, administración del sistema y accesibilidad.

2.2.4.1 HERRAMIENTAS DE SEGURIDAD

La seguridad informática es un aspecto esencial en el funcionamiento de cualquier sistema operativo. No se trata únicamente de proteger el equipo frente a virus o ataques externos, sino de garantizar que la información que contiene se mantenga íntegra, disponible y accesible solo para quienes tienen autorización. En un mundo cada vez más interconectado, donde los ordenadores forman parte de redes locales y globales, cualquier fallo de seguridad puede tener consecuencias graves: pérdida de datos, filtración de información confidencial, paralización de la actividad empresarial o daños en la reputación de una organización.

Por esta razón, los sistemas operativos modernos incorporan de forma nativa un conjunto de herramientas diseñadas para reforzar la seguridad desde el primer momento. Aunque pueden complementarse con soluciones externas más avanzadas, estas utilidades constituyen la **primera línea de defensa** de los equipos y, en muchos casos, resultan suficientes para un uso seguro en entornos profesionales.

Principales herramientas de seguridad integradas

a) **Cortafuegos (firewall)**

El cortafuegos es una barrera que controla el tráfico de datos que entra y sale del equipo. Su función principal es permitir las conexiones legítimas y bloquear las sospechosas o no autorizadas.

Ejemplo

Si un empleado trabaja conectado a una red Wi-Fi pública en un aeropuerto, el firewall evita que otros dispositivos de la misma red puedan acceder a su ordenador sin permiso.

b) **Antivirus y protección contra malware**

Muchos sistemas operativos, como Windows con su "Defender Antivirus", incluyen un escáner en tiempo real que detecta y elimina virus, troyanos, spyware o ransomware.

Ejemplo

Si un usuario descarga un archivo adjunto sospechoso de un correo electrónico, el antivirus analiza automáticamente el archivo y, si detecta código malicioso, lo pone en cuarentena antes de que pueda ejecutarse.

c) **Gestores de contraseñas y autenticación**

Los sistemas operativos integran opciones para crear usuarios, asignar contraseñas seguras y, en algunos casos, almacenar credenciales de forma cifrada. Además, en versiones más avanzadas, permiten la autenticación multifactor (contraseña + código enviado al móvil, o incluso reconocimiento biométrico como huella dactilar o reconocimiento facial).

Ejemplo

Un administrativo que accede a la intranet de la empresa puede hacerlo introduciendo su contraseña y, además, confirmando el acceso con un código enviado a su teléfono. Esto evita que, aunque alguien robe su contraseña, pueda acceder sin el segundo factor de seguridad.

d) Actualizaciones automáticas de seguridad

Uno de los mayores riesgos en informática son las vulnerabilidades no corregidas. Por ello, los sistemas operativos incluyen mecanismos de actualización periódica que instalan parches para cerrar posibles fallos de seguridad.

Nota

Nunca debe desactivarse la opción de actualizaciones automáticas, ya que dejaría al equipo expuesto frente a ataques que aprovechan errores conocidos.

e) Control de cuentas de usuario (UAC en Windows)

Esta función limita los permisos de los usuarios, de modo que no cualquier acción pueda modificar la configuración del sistema. Si un programa intenta realizar cambios importantes, el sistema solicita confirmación explícita del usuario.

Ejemplo

Si un empleado intenta instalar un software sin autorización, el sistema mostrará un aviso pidiendo permisos de administrador.

Ventajas de utilizar las herramientas integradas

- Reducen la dependencia de soluciones externas, ofreciendo una seguridad mínima garantizada.

- Están diseñadas para funcionar de manera estable con el sistema operativo, evitando conflictos de compatibilidad.

- Son gratuitas y se actualizan automáticamente con el propio sistema.

- Permiten al usuario medio tener un entorno seguro sin necesidad de grandes conocimientos técnicos.

Nota

Aunque muchas organizaciones deciden reforzar su seguridad con software especializado (antivirus de pago, cortafuegos corporativos, sistemas de detección de intrusiones), nunca debe desactivarse la seguridad integrada en el sistema operativo. Estas herramientas constituyen la **primera línea de defensa** y garantizan que, incluso en situaciones de descuido o desconocimiento del usuario, el equipo mantenga un nivel básico de protección frente a amenazas externas e internas.

2.2.4.2 HERRAMIENTAS DE MANTENIMIENTO DEL SISTEMA

El mantenimiento de un sistema operativo es una tarea imprescindible para asegurar que el equipo funcione de manera fluida, rápida y sin interrupciones. A diferencia de la seguridad, que protege contra amenazas externas, el mantenimiento se centra en optimizar los recursos internos del ordenador, corregir errores y prolongar la vida útil de los dispositivos.

Un sistema que no recibe mantenimiento periódico empieza a mostrar problemas: arranques más lentos, programas que tardan en abrirse, bloqueos frecuentes, sobrecarga de memoria o falta de espacio en el disco. Estas incidencias no solo afectan al rendimiento individual, sino que también impactan en la productividad de toda la organización.

Por ello, los sistemas operativos incluyen de forma nativa una serie de herramientas de mantenimiento que permiten realizar tareas básicas de manera sencilla y accesible, incluso para usuarios sin conocimientos técnicos avanzados. Conocer estas utilidades y aplicarlas con regularidad marca la diferencia entre un equipo que se convierte en un obstáculo para trabajar y otro que se convierte en un aliado eficaz de la gestión empresarial.

Principales herramientas de mantenimiento integradas

a) **Liberador de espacio en disco**

Esta herramienta analiza el almacenamiento del equipo y permite eliminar archivos temporales, registros de sistema y elementos que ya no son necesarios. Su objetivo es recuperar espacio y mejorar el rendimiento.

Ejemplo

En Windows, el "Liberador de espacio en disco" identifica archivos temporales de internet, restos de actualizaciones y papeleras de reciclaje. Un administrativo puede liberar varios gigabytes simplemente seleccionando las casillas correspondientes y confirmando la limpieza.

Nota

Es importante revisar con atención qué archivos se eliminan, para no borrar información que pueda ser necesaria posteriormente.

b) **Desfragmentador u optimizador de disco**

Los discos duros tradicionales (HDD) fragmentan los archivos al guardarlos en sectores separados. Esto provoca que el equipo tarde más tiempo en localizarlos. El desfragmentador reorganiza los datos para que estén contiguos y se acceda a ellos con mayor rapidez.

Ejemplo

Si una empresa guarda continuamente facturas en PDF y luego las elimina, el disco puede quedar fragmentado. Al ejecutar el desfragmentador, los archivos se reordenan, logrando que al abrir un PDF grande tarde segundos menos en cargarse, lo que en el día a día significa un trabajo más ágil.

Nota

En discos de estado sólido (SSD) este proceso no es necesario, ya que funcionan de manera distinta. En esos casos, se utiliza la función de "optimización" que prolonga la vida útil del dispositivo.

c) **Administrador de tareas**

Es una herramienta clave para conocer en tiempo real qué procesos están en ejecución, cuánta memoria consumen, qué aplicaciones utilizan la red y cómo se reparte el uso del procesador.

Ejemplo

Si el ordenador empieza a ir demasiado lento, un administrativo puede abrir el Administrador de tareas y descubrir que un programa en segundo plano está consumiendo el 80 % de la memoria RAM. Con un solo clic puede cerrarlo y recuperar el rendimiento.

d) **Herramientas de comprobación de disco**

Los sistemas operativos incluyen utilidades que revisan la integridad del disco duro, detectando errores físicos o lógicos. En Windows, la herramienta "chkdsk" es un ejemplo clásico de este tipo de comprobación.

Ejemplo

Si el sistema tarda en arrancar o aparecen mensajes de error al abrir ciertos archivos, ejecutar la comprobación de disco puede reparar sectores dañados y recuperar la estabilidad.

e) **Actualizaciones automáticas de sistema**

Además de parches de seguridad, las actualizaciones incluyen mejoras de estabilidad, correcciones de errores y optimizaciones que hacen que el sistema funcione mejor.

Ejemplo

Un equipo que tenía problemas frecuentes al imprimir pudo solucionarlos después de instalar una actualización que corregía el fallo en el controlador de la impresora.

Nota

Posponer indefinidamente las actualizaciones es un error común que compromete tanto la seguridad como el rendimiento.

Herramientas de mantenimiento

Herramienta	Función principal	Beneficio para el usuario
Liberador de espacio en disco.	Eliminar archivos innecesarios.	Más espacio y rapidez.
Desfragmentador/ optimizador.	Reordenar o mantener archivos en el disco.	Acceso más ágil a datos.
Administrador de tareas.	Monitorear y gestionar procesos en ejecución.	Solución rápida a bloqueos.
Comprobación de disco (chkdsk).	Revisar y reparar errores en el almacenamiento.	Mayor estabilidad.
Actualizaciones automáticas.	Instalar mejoras y correcciones.	Sistema más seguro y eficaz.

Conclusión

El mantenimiento de un sistema operativo no requiere ser un técnico experto, sino aplicar de forma periódica las herramientas que el propio sistema pone al alcance del usuario. Para un profesional administrativo, estas prácticas garantizan que los equipos funcionen con fluidez, que los datos estén disponibles sin problemas y que el tiempo de trabajo no se desperdicie en incidencias técnicas.

Nota

La clave del mantenimiento está en la constancia. Ejecutar estas herramientas una vez al año no es suficiente; deben integrarse en una rutina de trabajo, igual que se organiza el archivo documental o se realiza la contabilidad periódica.

2.2.4.3 HERRAMIENTAS DE GESTIÓN DEL SISTEMA

La gestión de un sistema operativo no se limita únicamente a mantenerlo seguro o en buen estado de funcionamiento, sino que también implica administrar de forma eficiente los recursos, configurar los elementos principales del equipo y tomar decisiones que afectan directamente al rendimiento diario de los trabajadores.

Las herramientas de gestión del sistema son aquellas utilidades que permiten al usuario, y especialmente al profesional administrativo, controlar aspectos clave como la configuración del hardware, el software instalado, los usuarios autorizados y los servicios que se ejecutan en segundo plano. Su objetivo es proporcionar al responsable del equipo una visión global y un control detallado del funcionamiento del sistema.

En el entorno empresarial, donde el tiempo y la fiabilidad son recursos valiosos, dominar estas herramientas se traduce en una mayor capacidad para prevenir problemas, organizar el trabajo y facilitar el soporte técnico. Por eso, este apartado se centra en explicar las herramientas de gestión más habituales que todo estudiante debe conocer.

Panel de control y configuraciones del sistema

El **Panel de control** en Windows, o las **Preferencias del sistema** en macOS, son utilidades que concentran en un mismo lugar la mayoría de los ajustes básicos del ordenador: configuración de red, dispositivos, impresoras, sonido, pantalla, usuarios y mucho más.

Ejemplo

Si en una oficina se instala una nueva impresora, desde el Panel de control se puede añadir el dispositivo, instalar los controladores y configurarla como impresora predeterminada para toda la plantilla.

Nota

Aunque cada vez más sistemas operativos migran a menús simplificados (como "Configuración" en Windows 10 y 11), el Panel de control clásico sigue ofreciendo funciones avanzadas que resultan muy útiles.

Administrador de dispositivos

El **Administrador de dispositivos** muestra todos los componentes de hardware instalados en el ordenador y permite comprobar si funcionan correctamente. Además, ofrece la posibilidad de actualizar controladores, desactivar dispositivos defectuosos o resolver conflictos.

Ejemplo

Un teclado que deja de responder puede deberse a un fallo en el controlador. Desde el Administrador de dispositivos se puede reinstalar o actualizar el software, solucionando la incidencia sin necesidad de cambiar el hardware.

Funciones del Administrador de dispositivos

Función principal	Beneficio directo para el usuario
Visualizar hardware instalado.	Detectar qué componentes tiene el ordenador.
Actualizar controladores.	Mejorar compatibilidad y rendimiento.
Desactivar dispositivos.	Evitar fallos por hardware defectuoso.
Diagnosticar problemas.	Localizar la causa de errores técnicos.

Monitor de recursos

El **Monitor de recursos** es una herramienta que permite observar en detalle cómo se están utilizando el procesador, la memoria RAM, el disco duro y la red. A diferencia del Administrador de tareas, ofrece gráficos y estadísticas más avanzadas que ayudan a comprender por qué un equipo puede estar funcionando lento.

Ejemplo

Un administrativo nota que su equipo tarda mucho en guardar archivos grandes. Con el Monitor de recursos comprueba que el disco duro está trabajando al 100 %, lo que indica que quizá necesita reemplazarse por un SSD para mejorar la productividad.

Nota

El uso de este tipo de herramientas no requiere conocimientos de informática avanzada, pero sí una actitud observadora y sistemática para identificar patrones de uso.

Servicios del sistema

Los **servicios** son programas que se ejecutan en segundo plano y que, aunque no los vemos directamente, resultan esenciales para el funcionamiento del sistema operativo. Algunos controlan la impresión, otros las actualizaciones, otros la conexión a la red. Desde la herramienta de gestión de servicios se pueden iniciar, detener o configurar estos procesos.

Ejemplo

Si la impresora de la oficina no responde, puede deberse a que el servicio de cola de impresión está detenido. Acceder a la gestión de servicios y reiniciarlo puede solucionar el problema en pocos segundos.

Configuración de usuarios y cuentas

Los sistemas operativos incluyen utilidades para crear, modificar o eliminar cuentas de usuario. Esto es especialmente importante en entornos multiusuario, donde cada empleado debe tener acceso personalizado a los recursos que le corresponden.

Ejemplo

En una empresa, el departamento de administración puede tener permisos para acceder a facturas y balances, mientras que el departamento de recursos humanos debe tener acceso a nóminas y expedientes de empleados. Configurar cuentas separadas asegura la confidencialidad y el cumplimiento de la normativa de protección de datos.

Tipos de cuentas de usuario

Tipo de cuenta	Características principales	Uso recomendado
Administrador.	Acceso completo a todas las configuraciones.	Responsable de sistemas.
Estándar.	Uso limitado, acceso a programas y archivos propios.	Empleados de oficina.
Invitado.	Permisos muy restringidos.	Usuarios temporales o visitas.

Herramientas de restauración del sistema

La restauración del sistema es una funcionalidad que permite volver a un punto anterior de configuración en caso de que un cambio reciente haya generado problemas.

Ejemplo

Si tras una actualización un programa deja de funcionar, la restauración del sistema puede devolver el ordenador a un estado anterior sin afectar a los documentos guardados.

Nota

No debe confundirse con el formateo, ya que este último borra todos los datos, mientras que la restauración únicamente deshace cambios en la configuración.

Conclusión

Las herramientas de gestión del sistema representan el "cuadro de mandos" del ordenador. A través de ellas, un profesional administrativo puede configurar dispositivos, resolver incidencias, optimizar recursos y garantizar que cada usuario tenga acceso únicamente a lo que le corresponde.

La clave está en comprender que estas utilidades no son funciones técnicas reservadas para especialistas en informática, sino instrumentos prácticos que cualquier trabajador debe aprender a usar en su nivel básico. Así, se reducen tiempos de espera, se evita la dependencia continua de soporte externo y se asegura que los recursos tecnológicos de la empresa trabajen en beneficio de la productividad.

Nota

La gestión eficaz del sistema operativo debe combinar tres elementos: prevención (configuración adecuada), control (supervisión periódica) y reacción (capacidad de actuar ante incidencias).

2.2.4.4 HERRAMIENTAS INTEGRADAS EN EL SISTEMA OPERATIVO

Un sistema operativo no es únicamente una plataforma que permite encender un ordenador y ejecutar aplicaciones. En realidad, se trata de un entorno complejo que incorpora múltiples herramientas internas, pensadas para facilitar la administración, la seguridad, la comunicación y el mantenimiento de los equipos. Estas herramientas integradas son, en muchos casos, las primeras que un usuario debería conocer y aprovechar, ya que están diseñadas por el propio fabricante para garantizar la estabilidad y el rendimiento del sistema.

En el ámbito administrativo, el conocimiento y uso de estas herramientas no es un lujo, sino una **competencia profesional básica**. A través de ellas se pueden realizar tareas esenciales como diagnosticar problemas de conexión, comprobar el estado de los discos, optimizar el arranque del ordenador, controlar la seguridad de los datos o incluso realizar copias de respaldo automáticas.

De esta manera, el profesional administrativo no solo depende de personal técnico externo, sino que adquiere autonomía para resolver incidencias comunes y mantener un control mínimo sobre el buen funcionamiento de los equipos. En este apartado revisaremos las principales herramientas integradas en los sistemas operativos modernos, explicando su utilidad y aportando ejemplos de uso.

Explorador de archivos

El explorador de archivos es una de las herramientas más utilizadas en cualquier sistema operativo. Permite visualizar, organizar y gestionar la información almacenada en carpetas y unidades de disco.

Ejemplo

Un administrativo puede crear una carpeta llamada "Facturas 2025", organizar los documentos por meses y renombrarlos siguiendo una nomenclatura estándar para facilitar su localización.

Nota

Una correcta organización en el explorador reduce significativamente el tiempo de búsqueda de documentos y evita la duplicidad de archivos.

Administrador de tareas

El administrador de tareas muestra los programas y procesos que se están ejecutando en el ordenador, junto con su consumo de memoria, procesador y disco. Es la herramienta idónea para detectar aplicaciones que ralentizan el equipo o que han dejado de responder.

Ejemplo

Si un programa de contabilidad se bloquea, en lugar de reiniciar todo el ordenador, el usuario puede abrir el administrador de tareas, localizar el proceso y finalizarlo manualmente.

Ventajas del Administrador de tareas

Función principal	Beneficio directo para el usuario
Ver procesos activos.	Identificar qué programas consumen más recursos.
Finalizar procesos.	Recuperar el control del equipo sin reiniciar.
Supervisar rendimiento.	Evaluar el uso de CPU, RAM y disco en tiempo real.
Controlar programas de inicio.	Acelerar el arranque del ordenador al desactivar procesos innecesarios.

Herramientas de diagnóstico de red

Los sistemas operativos incluyen utilidades básicas para comprobar la conectividad de los equipos y resolver incidencias relacionadas con internet o redes locales.

Ejemplo

Si no se puede acceder a una sede electrónica, el comando ping o el solucionador de problemas de red ayudan a determinar si el fallo está en la conexión del equipo o en el servidor externo.

Nota

Estas herramientas, aunque simples, son fundamentales para que un administrativo pueda identificar si un problema es interno o debe escalarse al soporte técnico.

Desfragmentador y optimizador de discos

Con el tiempo, los archivos almacenados en un disco duro se fragmentan, ocupando espacios dispersos que ralentizan el acceso a la información. Los sistemas operativos incluyen desfragmentadores (para discos mecánicos) u optimizadores (para SSD), que reorganizan los datos para mejorar la velocidad de lectura y escritura.

Ejemplo

Un ordenador que tarda varios minutos en abrir programas puede mejorar notablemente su rendimiento tras un proceso de optimización de disco.

Desfragmentación vs. optimización

Tipo de unidad	Herramienta integrada	Función principal
Disco duro HDD	Desfragmentador	Reorganiza archivos dispersos para acceso más rápido
Disco SSD	Optimizador (TRIM)	Libera bloques y prolonga la vida útil del disco

Herramientas de copia de seguridad

Los sistemas operativos modernos incluyen asistentes para programar copias de seguridad automáticas de carpetas o unidades completas.

Ejemplo

En Windows, la función "Historial de archivos" permite guardar versiones anteriores de documentos y recuperarlos en caso de pérdida o modificación accidental.

Nota

La copia de seguridad es uno de los pilares de la seguridad informática. Sin ella, un fallo técnico o un ciberataque podría suponer la pérdida irreparable de información crítica para la empresa.

Herramientas de accesibilidad

Las herramientas de accesibilidad permiten que el ordenador pueda ser utilizado por personas con distintas capacidades físicas o sensoriales. Estas funciones, además de su valor social, favorecen la inclusión laboral.

Ejemplo

Un empleado con dificultades visuales puede ampliar la pantalla con la lupa de Windows o utilizar un lector de pantalla como Narrador.

Conclusión

Las herramientas integradas en el sistema operativo son un recurso de gran valor para cualquier profesional administrativo. No requieren instalación adicional, están diseñadas por el propio fabricante del sistema y ofrecen soluciones rápidas a problemas cotidianos de gestión, seguridad y mantenimiento.

Dominar su uso significa ganar autonomía, reducir tiempos de inactividad y mejorar la eficiencia en el trabajo diario. Además, constituyen la base sobre la cual se pueden incorporar otras soluciones externas más avanzadas, como software especializado en contabilidad, gestión documental o seguridad informática.

Nota

Un buen hábito profesional es explorar periódicamente estas herramientas, probar sus funcionalidades y mantenerlas actualizadas, ya que evolucionan con cada nueva versión del sistema operativo.

2.3 SISTEMAS OPERATIVOS EN REDES LOCALES

En el mundo empresarial contemporáneo, la interconexión de los equipos de trabajo ya no es un lujo, sino una necesidad estratégica. Las organizaciones, sean grandes o pequeñas, requieren que sus trabajadores puedan **compartir información en tiempo real, acceder a bases de datos corporativas, utilizar aplicaciones comunes y coordinar procesos administrativos** sin depender de un único ordenador aislado. Aquí es donde entran en juego las **redes locales (LAN, Local Area Network)**, cuyo papel es conectar varios dispositivos dentro de un mismo espacio físico —como una oficina, un centro educativo o una planta industrial— para que funcionen como un sistema integrado.

El sistema operativo, en este contexto, deja de ser un programa que solo gestiona un ordenador individual para convertirse en una **plataforma de coordinación y comunicación entre múltiples equipos**. Su misión es doble: por un lado, debe **organizar la comunicación entre los dispositivos**, asignando direcciones, controlando accesos y garantizando que los datos lleguen de manera correcta; y, por otro, debe **proteger la información compartida**, impidiendo que usuarios no autorizados accedan a datos sensibles o que un fallo técnico comprometa el funcionamiento de toda la red.

Un **sistema operativo en red** permite realizar tareas que resultan impensables en un entorno aislado. Gracias a él, es posible:

- ▸ **Centralizar información**: en lugar de que cada trabajador guarde documentos en su ordenador personal, los archivos se almacenan en un servidor accesible a todos los autorizados.

- ▸ **Compartir recursos físicos**: como impresoras, escáneres o conexiones a internet, optimizando costes y mejorando la eficiencia.

- ▸ **Gestionar usuarios y permisos**: de modo que cada empleado tenga acceso solo a los datos que necesita para desempeñar su labor, reforzando así la seguridad.

- ▸ **Facilitar la colaboración**: diferentes departamentos pueden trabajar simultáneamente sobre proyectos compartidos, eliminando duplicidades de trabajo y acelerando los plazos.

Desde la perspectiva de un **profesional administrativo**, comprender el funcionamiento de estas redes y de los sistemas operativos que las gestionan es clave. No se trata únicamente de una competencia técnica reservada a informáticos, sino de un conocimiento práctico que impacta directamente en la **organización documental, la gestión de procesos y la eficiencia diaria del trabajo administrativo**.

Pensemos, por ejemplo, en un departamento de contabilidad: si los distintos técnicos pudieran trabajar solo en sus propios equipos, la consolidación de informes sería lenta y propensa a errores. En cambio, con un sistema operativo en red, todos pueden acceder a una misma base de datos de clientes y proveedores, registrar operaciones en tiempo real y generar balances de forma inmediata y coherente.

Además, las redes locales son también una **garantía de continuidad del negocio**. Si un ordenador falla, la información no se pierde, ya que los datos suelen estar en servidores compartidos o respaldados mediante copias de seguridad automáticas. Esto reduce enormemente los riesgos de interrupción en los procesos empresariales.

Por último, es importante subrayar el papel de la **seguridad**. Una red local mal configurada puede convertirse en la puerta de entrada de ciberataques, pérdida de información o accesos indebidos a datos confidenciales. El dominio de los sistemas operativos en red implica no solo saber configurarlos, sino también mantenerlos actualizados, monitorizar su funcionamiento y aplicar protocolos de protección acordes con la legislación vigente, especialmente en materia de **protección de datos personales**.

En resumen, el estudio de los sistemas operativos en redes locales ofrece al estudiante las herramientas necesarias para:

- ▸ Colaborar con otros departamentos en un **entorno digital seguro y eficiente**.

- ▸ Facilitar el **acceso compartido a documentos, dispositivos y aplicaciones** corporativas.

- ▸ Reducir los tiempos de trabajo, evitando duplicación de información o pérdida de datos.

- ▸ Asegurar la **continuidad de los procesos administrativos** frente a fallos técnicos o incidencias.

A lo largo de este apartado se desarrollarán tres cuestiones fundamentales:

- ▸ **Configuración básica de un sistema en red**, que permitirá comprender cómo se establecen las conexiones, se asignan direcciones y se definen permisos.

▼ **Actualización y mantenimiento de los sistemas en red**, con especial atención a la seguridad y la gestión de usuarios.

▼ **Acciones prácticas para compartir recursos**, como carpetas, impresoras y aplicaciones, de manera eficiente y protegida.

De este modo, el estudiante podrá adquirir una visión completa y didáctica de cómo los sistemas operativos en red se convierten en el verdadero motor digital de las empresas modernas.

2.3.1 Configuración básica de un sistema en red

Configurar un sistema en red es un paso crucial para garantizar que todos los equipos de una organización puedan **comunicarse de forma eficaz, segura y ordenada**. No basta con conectar físicamente los ordenadores a un router o un switch; detrás de esa conexión existe todo un conjunto de reglas y parámetros que permiten que la red funcione sin conflictos, que los recursos se compartan de manera controlada y que los datos circulen con seguridad.

La **configuración de red** tiene como objetivo que cada usuario acceda únicamente a los recursos que necesita —carpetas, impresoras, aplicaciones, bases de datos— sin comprometer la privacidad de la información ni la estabilidad del sistema. Para un estudiante o profesional administrativo, comprender estos aspectos básicos es esencial, porque, aunque la configuración técnica la realice habitualmente un especialista en informática, el personal de administración debe saber cómo funciona y qué implicaciones tiene para su trabajo diario.

Un ejemplo cotidiano ayuda a entenderlo mejor: pensemos en una oficina donde hay veinte empleados que necesitan imprimir documentos. Si cada uno tuviera una impresora individual conectada a su equipo, los costes serían altísimos y el mantenimiento poco práctico. En cambio, configurando la red correctamente, se puede compartir una sola impresora central, a la que todos los usuarios tengan acceso según permisos establecidos. Esto solo es posible gracias a una buena configuración de red.

En esta sección vamos a profundizar en los **elementos esenciales de la configuración** de una red local:

▼ La asignación de **direcciones IP y máscaras de subred**, que identifican a cada equipo.

▼ La definición de **puertas de enlace y servidores DNS**, que permiten la conexión a internet y la traducción de direcciones web.

▼ La elección entre un **grupo de trabajo o un dominio**, en función del tamaño de la organización.

▼ La **gestión de permisos y usuarios**, clave para proteger los datos y garantizar el acceso controlado a los recursos.

Cada uno de estos elementos se analizará con ejemplos prácticos y cuadros explicativos que facilitarán su comprensión.

a) **Direcciones IP y máscara de subred**

Cada ordenador conectado a una red necesita una **dirección única** que lo identifique, al igual que una casa necesita un número para recibir correspondencia. Esa dirección es la **IP (Internet Protocol)**. La máscara de subred, por su parte, define qué rango de direcciones pertenecen a una misma red y permite organizar los equipos de manera lógica.

Ejemplo

En una empresa con 20 equipos, se puede utilizar el rango de direcciones privadas 192.168.1.1 a 192.168.1.20. La máscara de subred típica en este caso es 255.255.255.0, lo que significa que todos esos equipos forman parte de la misma red local.

Nota

Asignar direcciones IP sin una planificación adecuada puede provocar conflictos (dos equipos con la misma dirección no podrán funcionar en la red al mismo tiempo). Por eso, en empresas medianas y grandes suele usarse un **servidor DHCP** que asigna automáticamente las direcciones.

b) Puerta de enlace y DNS

La puerta de enlace (gateway) es el "puente" entre la red local y el exterior, normalmente un router que conecta con internet. Sin ella, los equipos solo podrían comunicarse entre sí, pero no acceder a páginas web ni enviar correos electrónicos.

Los servidores DNS (Domain Name System) cumplen otra función fundamental: traducir las direcciones web que escribimos (como *www.aeat.es*) en direcciones IP que los sistemas entienden. Sin DNS, los usuarios tendrían que recordar números en lugar de nombres, lo cual sería impracticable.

Ejemplo

Si en un equipo la puerta de enlace está mal configurada, ese ordenador podrá imprimir en la red local, pero no tendrá acceso a internet.

En toda red es necesario decidir cómo se organizará el control de usuarios y recursos. Existen dos modelos básicos.

Grupo de trabajo o dominio

Aspecto	Grupo de trabajo	Dominio
Control de usuarios.	Cada equipo gestiona sus propios usuarios.	Centralizado en un servidor.
Seguridad.	Básica.	Alta.
Escalabilidad.	Adecuado para pocas máquinas.	Adecuado para muchas máquinas.
Administración.	Manual en cada ordenador.	Centralizada en el servidor.

En pequeñas oficinas (5–10 equipos), un **grupo de trabajo** puede ser suficiente, ya que no requiere infraestructura compleja. En organizaciones medianas o grandes, lo más recomendable es un **dominio**, porque permite centralizar el control en un servidor y aplicar políticas de seguridad homogéneas.

Nota

Un dominio no solo ofrece mayor seguridad, sino también comodidad. Por ejemplo, un empleado puede iniciar sesión en cualquier equipo de la oficina con su usuario y contraseña, algo que en un grupo de trabajo no sería posible.

c) Permisos y usuarios

Configurar una red no es solo conectar ordenadores; implica decidir **quién puede acceder a qué recursos**. Esto se realiza mediante la gestión de usuarios y permisos.

Un ejemplo típico es el acceso a carpetas compartidas: el departamento de contabilidad necesita trabajar sobre documentos financieros que no deben estar disponibles para el resto de la plantilla. Para ello, se crea una carpeta compartida accesible solo a usuarios autorizados.

De la misma manera, se pueden compartir impresoras, aplicaciones o bases de datos. Los permisos pueden ser de solo lectura (consultar sin modificar), de escritura (crear y modificar documentos) o de administración (control total).

Nota

Una mala gestión de permisos puede tener consecuencias graves, desde la pérdida de información hasta filtraciones de datos sensibles.

Conclusión

La configuración básica de un sistema en red es mucho más que un trámite técnico: es el **fundamento sobre el que se construye la colaboración digital dentro de una empresa**. Una red bien configurada garantiza que los recursos estén disponibles cuando se necesitan, que la información fluya sin interrupciones y que la seguridad no se vea comprometida.

Para el profesional administrativo, comprender estos principios básicos significa poder detectar problemas, comunicarse con el personal técnico de manera más eficaz y, sobre todo, trabajar con confianza en un entorno digital seguro.

2.3.2 Actualización y mantenimiento

Una red local no es un sistema estático, sino un entorno vivo que está en constante interacción: los equipos se encienden y apagan, se instalan nuevas aplicaciones, se incorporan usuarios, se actualizan programas y, en ocasiones, aparecen fallos técnicos o de seguridad. Por esta razón, el **mantenimiento y la actualización de los sistemas operativos en red** son tareas fundamentales para garantizar su buen funcionamiento y la continuidad del trabajo en la organización.

Cuando hablamos de mantenimiento no nos referimos únicamente a reparar averías, sino a **prevenir problemas antes de que ocurran**. Del mismo modo, la actualización no consiste solo en instalar la última versión de un programa, sino en asegurarse de que todo el sistema esté protegido frente a vulnerabilidades, que los equipos funcionen con eficiencia y que la información esté debidamente resguardada.

En el ámbito administrativo, conocer estos procesos es crucial. Una actualización de seguridad mal gestionada puede bloquear el acceso a las aplicaciones de gestión contable, retrasar la presentación de impuestos o incluso paralizar la actividad de toda la empresa. Por el contrario, una política de mantenimiento bien diseñada evita incidencias y mejora la productividad de todos los departamentos.

En este apartado se abordan tres ejes esenciales:

- La importancia de las **actualizaciones periódicas** del sistema operativo.

- Las tareas básicas de **mantenimiento preventivo y correctivo**.

- La necesidad de **copias de seguridad y restauración de sistemas** como garantía de continuidad.

a) **Actualizaciones periódicas del sistema operativo**

Las actualizaciones son mejoras o correcciones que los fabricantes lanzan para reforzar la seguridad, corregir errores o añadir nuevas funciones. Ignorarlas puede dejar a la empresa expuesta a ataques informáticos o provocar incompatibilidades con aplicaciones modernas.

Ejemplo

Windows publica de forma mensual parches de seguridad conocidos como *Patch Tuesday*. Si estos no se instalan, el equipo puede quedar vulnerable a virus o ataques de ransomware.

Nota

Las actualizaciones deben planificarse. Instalar una nueva versión en horas de trabajo puede interrumpir la actividad. Por ello, muchas empresas programan las actualizaciones de madrugada o en fines de semana.

b) **Mantenimiento preventivo**

El mantenimiento preventivo tiene como objetivo **evitar que aparezcan problemas**. No se espera a que ocurra un fallo, sino que se realizan tareas periódicas para mantener los equipos en condiciones óptimas.

Algunas acciones preventivas incluyen:

- Revisión del estado de los discos duros para anticipar fallos.
- Eliminación de archivos temporales y limpieza del sistema.
- Actualización de controladores de hardware (drivers).
- Comprobación de que el antivirus y el firewall funcionan correctamente.
- Verificación de que los sistemas de copias de seguridad se realizan según lo programado.

Ejemplo

En una oficina administrativa, revisar periódicamente la carpeta de archivos temporales del navegador evita que el sistema se ralentice cuando los empleados trabajan con sedes electrónicas (AEAT, Seguridad Social, etc.).

c) **Mantenimiento correctivo**

A pesar de todas las medidas preventivas, siempre existe la posibilidad de que surjan errores o fallos inesperados. El mantenimiento correctivo consiste en **resolver los problemas cuando ya han aparecido**. Esto puede incluir:

- **Reparación de sistemas operativos dañados.**
- **Sustitución de componentes defectuosos.**
- **Restauración de copias de seguridad tras una pérdida de datos.**
- **Reconfiguración de la red tras una caída del servidor.**

Ejemplo

Si el servidor que aloja las carpetas compartidas sufre un fallo de disco, el personal técnico debe restaurar los archivos a partir de las copias de seguridad para que los administrativos puedan recuperar la información y continuar con su trabajo.

Copias de seguridad y restauración de sistemas

Las copias de seguridad son parte integral del mantenimiento, ya que protegen la información frente a pérdidas accidentales, errores humanos o ciberataques. Una buena política de copias de seguridad debe cumplir tres requisitos básicos:

- Realizarse de forma periódica (diaria, semanal o mensual, según la importancia de los datos).
- Guardarse en un lugar seguro, preferiblemente externo a la red local.
- Probarse periódicamente para verificar que la restauración es posible.

Ejemplo

Una empresa que trabaja con nóminas realiza copias automáticas cada noche de la base de datos laboral. En caso de que se produzca un fallo al día siguiente, puede restaurar los datos de la copia y evitar la pérdida de información crítica.

Nota

Las copias manuales en discos externos sin control ni cifrado no son seguras y pueden suponer una infracción de la normativa de protección de datos.

Conclusión

El mantenimiento y la actualización de los sistemas operativos en red son **una inversión en seguridad y productividad**. Una red que se actualiza regularmente y que cuenta con políticas de mantenimiento claras es menos vulnerable a ciberataques, sufre menos interrupciones y garantiza que la información empresarial está protegida.

Para el estudiante, comprender estos aspectos significa adquirir una visión realista de la importancia del trabajo preventivo y de la planificación tecnológica. No se trata solo de mantener los ordenadores funcionando, sino de asegurar la continuidad del negocio y la confianza de clientes, proveedores y trabajadores.

2.3.3 Acciones para compartir recursos en red

El verdadero valor de una red local no reside únicamente en conectar equipos entre sí, sino en la posibilidad de **compartir recursos de forma organizada, segura y eficiente**. En el entorno administrativo, esta capacidad es fundamental: permite que un grupo de trabajadores acceda a la misma base de datos, que varias oficinas utilicen la misma impresora o que los documentos corporativos se almacenen en carpetas comunes en lugar de dispersarse en ordenadores individuales.

Sin embargo, compartir recursos no es una tarea trivial. Implica establecer qué se comparte, con quién se comparte y en qué condiciones de seguridad. Una gestión deficiente puede provocar problemas de acceso, duplicación de archivos, pérdida de información o incluso filtraciones de datos sensibles. Por ello, es esencial que los profesionales comprendan tanto la importancia de estas acciones como los procedimientos que permiten llevarlas a cabo correctamente.

En este apartado estudiaremos los principales tipos de recursos que pueden compartirse en una red local, los pasos básicos para configurarlos, las medidas de seguridad que deben acompañar este proceso y la utilidad práctica de estas funciones en el día a día de una organización.

2.3.3.1 TIPOS DE RECURSOS COMPARTIDOS

Los recursos más habituales en una red local son los siguientes:

- **Carpetas y archivos**: permiten centralizar la documentación y garantizar que todos los usuarios trabajan sobre la misma versión de un documento.

- **Impresoras y escáneres**: evitan la necesidad de disponer de un dispositivo por cada equipo, reduciendo costes.

- **Aplicaciones corporativas**: programas instalados en un servidor a los que acceden varios usuarios de forma simultánea.

- **Conexión a internet**: gestionada a través de un servidor o router, que distribuye el acceso entre todos los equipos de la red.

Ejemplo

En un despacho de contabilidad, una carpeta compartida llamada "Clientes 2025" centraliza todos los contratos y facturas, de manera que cualquier administrativo puede acceder a la misma información sin necesidad de duplicar documentos en su ordenador personal.

2.3.3.2 PASOS BÁSICOS PARA COMPARTIR RECURSOS

Aunque la forma concreta depende del sistema operativo (Windows, Linux, macOS), los pasos generales para compartir recursos en red son similares:

- ▼ **Identificación del recurso**: decidir qué carpeta, dispositivo o aplicación será compartido.

- ▼ **Activación de la función de compartición**: habilitar la opción en el sistema operativo para que el recurso sea accesible por la red.

- ▼ **Asignación de permisos de acceso**: determinar qué usuarios pueden leer, modificar o eliminar el recurso.

- ▼ **Verificación de la conexión**: comprobar desde otro equipo de la red que el recurso está disponible y que los permisos funcionan como se ha definido.

Nota

Nunca debe compartirse un recurso con permisos totales para "Todos los usuarios" sin un control adicional, ya que esto abre la puerta a accesos indebidos.

2.3.3.3 PERMISOS Y NIVELES DE ACCESO

Un aspecto crítico en la compartición de recursos es la **gestión de permisos**. No todos los usuarios necesitan el mismo nivel de acceso. Diferenciar correctamente estos permisos mejora la seguridad y evita errores.

Cuadro comparativo de permisos más comunes

Nivel de permiso	Descripción	Uso recomendado
Solo lectura.	El usuario puede visualizar, pero no modificar el recurso.	Manuales internos, documentos oficiales.
Lectura y escritura.	Permite abrir, editar, crear y eliminar archivos.	Carpetas de trabajo en equipo.
Control total.	Incluye permisos de modificación y administración.	Responsables de departamento o administradores de red.

Ejemplo

En el área de recursos humanos, los empleados pueden tener permiso de solo lectura sobre la carpeta "Políticas de empresa", mientras que el director de RR. HH. tiene control total para actualizar documentos oficiales.

2.3.3.4 MEDIDAS DE SEGURIDAD EN LA COMPARTICIÓN

Compartir recursos implica riesgos si no se adoptan medidas adecuadas de protección. Entre las más importantes se encuentran:

- ▼ **Uso de contraseñas**: cada usuario debe tener credenciales únicas de acceso.

- ▼ **Cifrado de datos**: para proteger la información en caso de interceptación.

- ▼ **Registros de actividad (logs)**: permiten rastrear quién accedió a qué recurso y cuándo.

- ▼ **Limitación de horarios de acceso**: útil en organizaciones que quieran reforzar la seguridad fuera del horario laboral.

Nota

En cumplimiento con la normativa de protección de datos (Reglamento General de Protección de Datos–RGPD), las empresas deben garantizar que solo accedan a la información aquellas personas autorizadas para ello.

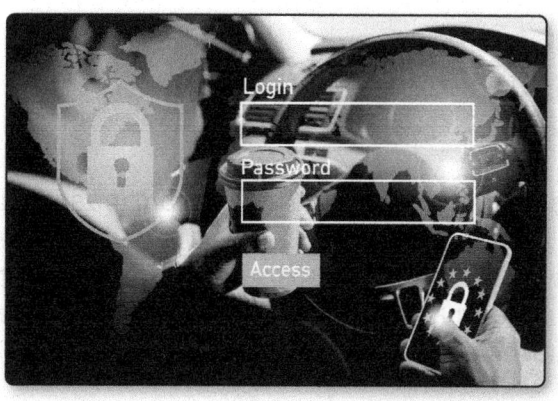

2.3.3.5 EJEMPLOS DE COMPARTICIÓN

Una asesoría fiscal comparte una carpeta de "Modelos fiscales" en la red, accesible para todos los administrativos en modo lectura, pero editable únicamente por el jefe de contabilidad.

En un centro educativo, las impresoras están configuradas en red para que los profesores puedan imprimir desde cualquier aula, evitando colas en un único ordenador central.

Una empresa de logística habilita un software de gestión en un servidor centralizado, al que acceden simultáneamente los departamentos de compras, ventas y almacén.

Conclusión

La capacidad de compartir recursos en red convierte a la empresa en una organización más **colaborativa, eficiente y segura**. Sin embargo, la clave no está únicamente en activar la opción de compartición, sino en hacerlo de forma **planificada y controlada**.

Una buena gestión evita duplicidades y pérdidas de tiempo.

Una política clara de permisos protege la información confidencial.

La utilización de medidas de seguridad refuerza la confianza en el sistema.

En definitiva, aprender a compartir recursos correctamente no solo facilita el trabajo diario, sino que constituye un pilar esencial de la administración moderna y de la transformación digital de las organizaciones.

2.4 SEGURIDAD Y CONFIDENCIALIDAD EN SISTEMAS OPERATIVOS

En la actualidad, prácticamente ninguna organización puede funcionar sin un soporte digital que respalde su actividad. Facturación, nóminas, bases de datos de clientes, correos electrónicos, contratos o proyectos estratégicos se almacenan, procesan y consultan diariamente a través de equipos informáticos que dependen directamente de un **sistema operativo**.

Este sistema operativo, que muchos usuarios perciben únicamente como una herramienta para "abrir programas" o "gestionar archivos", constituye en realidad la **primera línea de defensa frente a riesgos y amenazas**. Si un sistema operativo no está configurado adecuadamente o carece de medidas de seguridad, toda la información corporativa queda expuesta a accesos no autorizados, pérdidas irreparables o incluso a ataques cibernéticos que pueden paralizar la actividad empresarial durante semanas.

Cuando hablamos de **seguridad informática**, no nos referimos únicamente a instalar un antivirus y dar por cerrado el asunto. La seguridad digital es un **ecosistema complejo y dinámico**, que combina tecnología, procedimientos organizativos y cumplimiento normativo. Entre sus objetivos fundamentales están:

a) **Prevenir intrusiones** mediante barreras como cortafuegos, autenticación y permisos de acceso.

b) **Detectar amenazas en tiempo real** (virus, troyanos, spyware, ransomware) y neutralizarlas antes de que dañen el sistema.

c) **Garantizar la confidencialidad** de la información, impidiendo que datos sensibles (nóminas, contratos, expedientes médicos, etc.) lleguen a manos indebidas.

d) **Asegurar la integridad** de los documentos, de manera que estos no puedan ser alterados sin dejar rastro.

e) **Cumplir con la normativa legal vigente**, que establece sanciones económicas y responsabilidades jurídicas en caso de negligencia.

Además, proteger la información **refuerza la confianza** de todos los agentes que se relacionan con la organización: clientes, proveedores, socios, empleados e incluso la Administración pública. Una empresa que demuestra un nivel de seguridad adecuado transmite seriedad, fiabilidad y profesionalidad.

Por tanto, estudiar la seguridad y la confidencialidad en los sistemas operativos no solo implica aprender a manejar programas de protección, sino **comprender cómo integrar la seguridad en la cultura organizacional**, para que cada acción —desde abrir un correo electrónico hasta realizar una copia de seguridad— forme parte de una estrategia global de protección.

En este apartado abordaremos los siguientes aspectos clave:

a) Los programas de protección más utilizados (antivirus, cortafuegos, antispam y antispyware).

b) Las medidas para garantizar la conservación e integridad de la información archivada.

c) La importancia de respetar la propiedad intelectual y los derechos de autor en el ámbito digital.

d) El análisis de la normativa vigente sobre seguridad y confidencialidad electrónica, especialmente en el contexto español y europeo.

2.4.1 Programas de protección: antivirus, firewall, antispam y otros

La protección de la información digital es un reto cada vez más complejo. Las amenazas informáticas han evolucionado de simples virus que dañaban archivos a sofisticados ataques dirigidos que buscan robar datos, extorsionar económicamente o paralizar la actividad de una empresa. Frente a este panorama, los **programas de protección** constituyen la primera línea de defensa de los sistemas operativos y, por extensión, de la organización.

Un profesional administrativo debe conocer estas herramientas no solo desde un punto de vista técnico, sino también comprender su **función estratégica** en la seguridad corporativa. No se trata únicamente de instalar un programa, sino de integrarlo dentro de un sistema coordinado de protección que combine diferentes capas de seguridad.

Entre los programas más utilizados destacan los **antivirus**, los **firewalls o cortafuegos**, los **filtros antispam** y los **antispyware/antimalware**. Cada uno cumple un papel específico y, juntos, forman una defensa más robusta contra los riesgos que amenazan la información empresarial.

a) Antivirus

El antivirus es la herramienta de seguridad más popular y extendida. Su evolución ha sido notable: de programas que únicamente buscaban "firmas" de virus conocidos, se ha pasado a soluciones avanzadas que incorporan inteligencia artificial y análisis en la nube para detectar comportamientos sospechosos en tiempo real.

Funciones principales de un antivirus:

- Analizar archivos en busca de **patrones de malware**.
- Colocar en **cuarentena** los elementos sospechosos para evitar su ejecución.
- Eliminar virus y reparar archivos dañados, en la medida de lo posible.
- Analizar dispositivos externos (USB, discos externos) antes de permitir el acceso.
- Monitorizar descargas y páginas web para prevenir ataques de phishing.

Ejemplo

Un empleado descarga desde internet un archivo comprimido que aparenta ser una factura, pero contiene un ransomware. El antivirus detecta que el archivo intenta cifrar documentos del sistema, lo bloquea y notifica al usuario para que lo elimine.

Nota

La eficacia del antivirus depende directamente de su **actualización constante**. Un programa sin bases de datos recientes no podrá detectar las nuevas amenazas, que se multiplican cada día en miles de variantes.

b) Firewall o cortafuegos

El firewall funciona como un **muro de seguridad virtual** entre el ordenador (o la red interna de la empresa) y el exterior. Controla todo el tráfico que entra y sale, bloqueando lo sospechoso y permitiendo únicamente lo autorizado.

Funciones básicas del firewall:

- Bloquear accesos no autorizados desde internet.
- Restringir qué programas pueden conectarse a la red.
- Crear reglas personalizadas de tráfico para puertos y direcciones IP.
- Evitar intentos de intrusión mediante ataques de fuerza bruta o escaneo de puertos.

Ejemplo

En una empresa, el administrador configura el firewall para que solo el programa de facturación pueda comunicarse con el servidor de la Agencia Tributaria. Si otro software intenta enviar datos fuera, el firewall lo bloquea y alerta al administrador.

Tipos de firewalls:

- **Personales**: instalados en ordenadores individuales.
- **Corporativos**: dispositivos físicos (hardware) que protegen toda la red empresarial.

Cuadro comparativo

Tipo de firewall	Alcance	Nivel de seguridad	Uso habitual
Personal.	Equipo individual.	Medio.	Ordenadores domésticos y pymes.
Corporativo.	Red completa.	Alto.	Empresas medianas y grandes.

Nota

Aunque todos los sistemas operativos incluyen un firewall básico, en entornos corporativos suele instalarse uno de mayor nivel que protege la totalidad de la red.

c) Antispam

El correo electrónico es uno de los vectores de ataque más utilizados por los ciberdelincuentes. Más del 70 % de los ataques de ransomware comienzan con un simple correo malicioso. Los filtros antispam resultan fundamentales para **separar los mensajes legítimos de los potencialmente peligrosos**.

Funciones del antispam:

- Detectar y enviar a la carpeta de spam los correos no deseados.

- Identificar correos de phishing que intentan suplantar a bancos, proveedores o incluso a directivos de la empresa.

- Analizar enlaces y archivos adjuntos para prevenir la descarga de malware.

Ejemplo

Un correo simula ser una factura de la luz e incluye un enlace para descargar un archivo. El filtro antispam lo detecta como fraudulento, lo redirige a la carpeta de spam y evita que el empleado haga clic en él.

Nota

El antispam debe configurarse adecuadamente: un filtro demasiado estricto puede enviar al spam correos legítimos (falsos positivos), mientras que uno demasiado laxo permitirá la entrada de mensajes peligrosos.

d) **Antispyware y antimalware**

El spyware es un software malicioso que **espía la actividad del usuario**: recopila contraseñas, hábitos de navegación o información sensible sin consentimiento. Los antispyware y antimalware se especializan en detectar y neutralizar este tipo de amenazas.

Funciones:

- Analizar procesos en ejecución para identificar comportamientos sospechosos.

- Evitar que programas ocultos registren teclas pulsadas (keyloggers).

- Detectar aplicaciones que recolectan datos y los envían a servidores externos.

Ejemplo

Un spyware instalado sin consentimiento intenta registrar todas las pulsaciones de teclado en un ordenador de contabilidad. El antispyware detecta el proceso anómalo, lo bloquea y alerta al administrador.

Nota

Los programas antimalware suelen ser más completos que los antispyware, ya que protegen contra una mayor variedad de amenazas modernas, como el ransomware.

Conclusión

Los programas de protección forman un **ecosistema defensivo** en el que cada pieza cumple una función específica:

- El antivirus combate directamente los programas maliciosos.

- El firewall controla las comunicaciones con el exterior.

- El antispam protege el correo electrónico, una de las principales vías de ataque.

- El antispyware/antimalware impide el espionaje de la actividad del usuario.

Un error frecuente es confiar toda la seguridad a una sola herramienta. La verdadera protección se logra combinando estos programas en varias capas y, sobre todo, adoptando **hábitos seguros** por parte de los usuarios.

2.4.2 Conservación e integridad de la información archivada

La información es uno de los activos más valiosos de cualquier organización. Sin embargo, su valor no reside únicamente en disponer de grandes volúmenes de datos, sino en **poder conservarlos en el tiempo con fiabilidad y garantizar su integridad**. En otras palabras, de nada sirve almacenar miles de documentos si estos se pierden, se deterioran, se alteran sin control o se vuelven inaccesibles cuando realmente se necesitan.

La **conservación de la información** implica mantener los documentos en buen estado, asegurando que permanezcan disponibles durante todo su ciclo de vida útil, ya sea por motivos legales, administrativos o estratégicos. Por su parte, la **integridad de la información** hace referencia a la certeza de que los datos no han sido modificados, manipulados o dañados de forma accidental o intencionada.

En el entorno digital actual, este doble reto (conservación e integridad) adquiere aún mayor relevancia: los archivos electrónicos son más fáciles de almacenar, pero también más vulnerables a riesgos como fallos técnicos, errores humanos, ciberataques o simples descuidos.

Un profesional administrativo debe conocer las herramientas y prácticas que garantizan la preservación de la información y su fiabilidad a lo largo del tiempo, puesto que sobre esa base se construye la **seguridad jurídica y la continuidad de la actividad empresarial**.

Estrategias para la conservación de la información

La conservación adecuada de la información requiere adoptar medidas tanto **técnicas** como **organizativas**. Entre las más relevantes destacan:

▼ **Copias de seguridad periódicas**

Permiten recuperar la información en caso de pérdida por accidente, error humano o ataque informático.

Se recomienda aplicar la regla 3-2-1: tres copias de los datos, en dos soportes distintos, y al menos una en una ubicación externa o en la nube.

Ejemplo

Una empresa guarda su contabilidad en un servidor local, realiza copias en un disco externo cada semana y mantiene una copia adicional en un servicio en la nube cifrado.

▼ **Soportes adecuados de almacenamiento**

El soporte debe elegirse en función del tiempo de conservación requerido y del nivel de seguridad necesario.

Ejemplo

Para documentos de archivo histórico se puede recurrir a almacenamiento en servidores redundantes, mientras que para documentos de uso diario se emplean discos SSD de acceso rápido.

▼ **Control de versiones**

Evita la pérdida de información al poder acceder a distintas versiones de un documento.

Ejemplo

Un contrato modificado en varias ocasiones conserva todas las versiones anteriores, lo que permite comprobar qué cambios se hicieron y cuándo.

▼ **Garantía de la integridad de la información**

La integridad no solo implica que la información esté disponible, sino que **permanezca inalterada** desde su creación hasta su uso. Para ello se aplican diferentes mecanismos:

1. **Sistemas de permisos y control de accesos**

   Solo los usuarios autorizados pueden modificar documentos críticos.

Ejemplo

En el área de nóminas, únicamente el responsable de RR. HH. tiene permiso para editar los archivos salariales, mientras que otros usuarios solo pueden consultarlos.

2. **Firmas digitales y sellos de tiempo**

   Garantizan la autenticidad de un documento electrónico y certifican la fecha de creación o modificación.

Ejemplo

Una factura electrónica firmada digitalmente asegura que no se ha alterado desde su emisión.

3. Códigos de verificación (hash)

Algoritmos matemáticos que generan un código único para cada archivo. Si el documento se modifica, el código cambia.

Ejemplo

Al archivar un contrato, se genera un código hash que se guarda como referencia. Si más adelante se intenta manipular, el sistema detectará la alteración.

Conservación vs. integridad

Aspecto	Conservación	Integridad
Objetivo principal.	Garantizar que la información esté disponible en el tiempo.	Asegurar que la información no ha sido alterada.
Medios más habituales.	Copias de seguridad, soportes adecuados, control de versiones.	Firmas digitales, permisos de acceso, códigos hash.
Riesgos asociados.	Pérdida por fallos técnicos, accidentes, borrados accidentales.	Manipulación intencionada, corrupción de archivos.
Beneficio para la empresa.	Disponibilidad continua de la documentación.	Fiabilidad jurídica y administrativa de la información.

Nota

Conservar no siempre significa **guardar indefinidamente**. La normativa sobre protección de datos (RGPD en Europa y LOPDGDD en España) establece que la información personal solo debe conservarse durante el tiempo estrictamente necesario. Por tanto, un archivo bien gestionado debe saber **qué conservar, cuánto tiempo y cómo garantizar su integridad**.

Conclusión

La conservación y la integridad de la información archivada constituyen los dos pilares básicos de la gestión documental en cualquier organización. Mientras la primera asegura que los documentos estarán disponibles cuando se necesiten, la segunda garantiza que esos documentos son fiables y no han sido manipulados.

Un profesional administrativo que domine estas prácticas contribuirá a:

- ▼ **Asegurar el cumplimiento de la normativa legal y fiscal.**
- ▼ **Reducir riesgos operativos ante pérdidas o alteraciones de datos.**
- ▼ **Fortalecer la confianza de clientes y socios en la empresa.**
- ▼ **Incrementar la eficiencia administrativa y la seguridad jurídica.**

En definitiva, la **información no es un simple recurso técnico, sino un activo estratégico**, y su correcta conservación e integridad marcan la diferencia entre una gestión documental improvisada y una verdaderamente profesional.

2.4.3 Protección de la propiedad intelectual y derechos de autor

En el contexto digital actual, donde la creación, distribución y almacenamiento de información se realiza de manera electrónica, la **protección de la propiedad intelectual y de los derechos de autor** se ha convertido en un aspecto esencial de la gestión documental y de los sistemas operativos. No se trata solo de una cuestión legal, sino también ética y estratégica, ya que las organizaciones manejan constantemente materiales protegidos: programas informáticos, bases de datos, manuales internos, fotografías, diseños gráficos, presentaciones, informes, entre otros.

Respetar la propiedad intelectual implica reconocer que toda obra creada por una persona física o jurídica —ya sea literaria, científica, artística o técnica— está protegida automáticamente por la ley desde el momento de su creación. El uso inadecuado de esta información (copiar, reproducir, distribuir sin permiso o manipular) puede acarrear no solo sanciones legales, sino también un daño reputacional considerable para la empresa.

En este apartado abordaremos las principales medidas que deben tenerse en cuenta en el entorno digital para garantizar el respeto a la propiedad intelectual y a los derechos de autor, destacando las herramientas que proporcionan los sistemas operativos, los marcos legales aplicables y las buenas prácticas en el ámbito empresarial.

Principios básicos de la propiedad intelectual en el entorno digital

a) **Reconocimiento de la autoría**

Toda obra pertenece a su autor desde el momento de su creación, incluso aunque no esté registrada en un organismo oficial. El registro (como el Registro de la Propiedad Intelectual en España) sirve para reforzar la prueba de autoría en caso de litigios.

Ejemplo

Un administrativo crea un manual de procedimientos internos para su empresa. Aunque no lo registre, ese documento está protegido por derechos de autor.

---

b) **Derechos morales y derechos patrimoniales**

- Derechos morales: ligados a la identidad del autor (ser reconocido, decidir sobre la integridad de su obra). Son irrenunciables e inalienables.

- Derechos patrimoniales: relacionados con la explotación económica (reproducción, distribución, comunicación pública). Pueden cederse o licenciarse mediante contrato.

c) **Duración de los derechos**

En la mayoría de legislaciones, los derechos patrimoniales se mantienen durante la vida del autor y hasta 70 años después de su fallecimiento. Pasado ese tiempo, la obra pasa al dominio público.

d) **Herramientas y medidas para proteger la propiedad intelectual**

Los sistemas operativos y las aplicaciones que trabajan sobre ellos ofrecen distintas herramientas y medidas que ayudan a proteger los derechos de autor:

e) Gestión de permisos y accesos

Definir quién puede visualizar, modificar o copiar un archivo digital.

Ejemplo

Un documento corporativo con logotipos y material creativo solo puede ser modificado por el departamento de marketing, mientras que otros usuarios solo pueden consultarlo.

---

f) Sistemas de cifrado

Aseguran que los documentos solo puedan ser abiertos por usuarios autorizados.

Ejemplo

Un manual de formación con licencia de uso limitada se distribuye protegido por contraseña y cifrado.

---

g) Marcas de agua digitales

Inserción de una señal visible o invisible en documentos, imágenes o vídeos para identificar su autoría.

Ejemplo

Una empresa coloca su logotipo como marca de agua en todas las presentaciones internas y externas.

---

h) Licencias de uso

Licencias como **Creative Commons** permiten establecer las condiciones bajo las que otros pueden usar una obra (con fines comerciales, con modificaciones, etc.).

Ejemplo

Un informe publicado en la web corporativa puede llevar una licencia CC que permita su difusión gratuita, pero no su modificación.

Propiedad intelectual y propiedad industrial

Aspecto	Propiedad Intelectual	Propiedad Industrial
Objeto de protección.	Obras literarias, artísticas, científicas, software, bases de datos.	Invenciones, patentes, marcas, diseños industriales.
Forma de protección.	Automática desde la creación (registro opcional).	Registro obligatorio en oficinas de patentes y marcas.
Derechos principales.	Autoría, reproducción, distribución, comunicación pública.	Exclusividad de uso y explotación comercial.
Ejemplo en empresa.	Manual interno de procedimientos, fotografías, software.	Marca registrada, logotipo, patente de un dispositivo.

Nota

La ignorancia no exime de responsabilidad. Muchas empresas han sido sancionadas por usar imágenes, software o bases de datos sin contar con las licencias correspondientes, incluso aunque lo hicieran sin mala fe. Por ello, es fundamental que los profesionales administrativos verifiquen siempre la procedencia y las condiciones de uso de cualquier recurso.

Conclusión

La protección de la propiedad intelectual y de los derechos de autor es una **responsabilidad compartida** dentro de la organización. Para los profesionales administrativos, implica:

- ▶ Respetar la normativa vigente sobre el uso de obras ajenas.

- ▶ Asegurar que los documentos generados en la empresa queden protegidos mediante marcas de agua, permisos de acceso y licencias de uso claras.

- ▶ Promover una cultura corporativa que valore la autoría y la creatividad, evitando la copia o el uso indebido de materiales.

En definitiva, garantizar la protección de la propiedad intelectual no solo evita sanciones legales, sino que también potencia la reputación de la empresa como organización seria, innovadora y respetuosa con el trabajo intelectual de sus profesionales y colaboradores.

2.4.4 Normativa vigente sobre seguridad y confidencialidad electrónica

En un mundo cada vez más digitalizado, donde la información circula constantemente a través de redes locales e internet, garantizar la **seguridad y confidencialidad electrónica** se ha convertido en una prioridad estratégica y legal para todas las organizaciones. Las empresas ya no gestionan únicamente documentos en papel: bases de datos de clientes, nóminas de trabajadores, contratos digitales o expedientes electrónicos contienen información sensible que, en caso de ser vulnerada, podría tener graves consecuencias legales, económicas y reputacionales.

Para evitar estas situaciones, los Estados y organismos internacionales han desarrollado un conjunto de **normas legales y reglamentarias** que obligan a las empresas y profesionales a garantizar un tratamiento seguro y responsable de los datos. En España y en la Unión Europea, este marco normativo se centra en la **protección de datos personales, la seguridad de la información y el cumplimiento en la gestión documental digital**.

El conocimiento de esta normativa es esencial para un profesional administrativo, ya que muchas de sus tareas diarias (registro, archivo, transmisión o conservación de información) están directamente reguladas por estas leyes. No cumplir con ellas puede suponer sanciones económicas muy elevadas, pérdida de confianza por parte de clientes y proveedores, o incluso responsabilidades penales en los casos más graves.

Principales normas vigentes en España y la Unión Europea

▸ **Reglamento General de Protección de Datos (RGPD – UE 2016/679)**

De aplicación en toda la Unión Europea desde mayo de 2018.

Su objetivo es garantizar el derecho de todas las personas a la protección de sus datos personales.

Establece principios como la transparencia, el consentimiento expreso, el derecho al olvido o la portabilidad de datos.

Obliga a las empresas a aplicar medidas técnicas y organizativas adecuadas (cifrado, control de accesos, auditorías periódicas).

Ejemplo

Una empresa que recopila currículums de candidatos debe informar claramente de para qué usará los datos, cuánto tiempo los conservará y cómo pueden los interesados solicitar su eliminación.

▼ **Ley Orgánica 3/2018 de Protección de Datos Personales y Garantía de Derechos Digitales (LOPDGDD)**

Complementa y adapta el RGPD al marco jurídico español.

Incorpora derechos específicos como la desconexión digital en el ámbito laboral o la protección de menores en internet.

Define la figura del **Delegado de Protección de Datos (DPD)** en aquellas entidades que gestionan información sensible a gran escala.

▼ **Ley 34/2002 de Servicios de la Sociedad de la Información y de Comercio Electrónico (LSSI-CE)**

Regula el comercio electrónico, la publicidad digital y el uso de cookies.

Establece la obligación de informar al usuario sobre el uso de sus datos al navegar en una web.

Ejemplo

Cuando accedemos a una página de una empresa y aparece el aviso de "aceptar cookies", se está cumpliendo esta normativa.

▼ **Normas internacionales de seguridad de la información (ISO/IEC 27001 y familia 27000)**

Aunque no son leyes, estas normas sirven como referencia internacional para implantar un **Sistema de Gestión de Seguridad de la Información (SGSI)**.

Su adopción es voluntaria, pero aporta prestigio y confianza a la empresa, además de ser exigida en muchas licitaciones públicas.

Obligaciones principales para las empresas

▸ **Garantizar la confidencialidad**: impedir el acceso no autorizado a datos sensibles.

▸ **Asegurar la integridad**: evitar modificaciones indebidas de la información.

▸ **Mantener la disponibilidad**: garantizar que los datos estén accesibles cuando se necesiten.

▸ **Informar a los usuarios**: sobre el uso que se dará a sus datos y obtener su consentimiento expreso.

▸ **Notificar brechas de seguridad**: en un plazo máximo de 72 horas a la Agencia Española de Protección de Datos (AEPD).

Consecuencias de cumplir o incumplir la normativa

Aspecto	Cumplimiento normativo	Incumplimiento normativo
Reputación empresarial.	Confianza de clientes y socios.	Pérdida de credibilidad y confianza.
Consecuencias legales.	Evita sanciones y litigios.	Multas de hasta 20 millones € o el 4% de facturación anual.
Seguridad de la información.	Datos protegidos frente a ciberataques.	Riesgo de robo, manipulación o pérdida de datos.
Competitividad.	Mejora en licitaciones y certificaciones.	Exclusión de concursos públicos o contratos.

Nota

Muchas sanciones de la AEPD no se deben a ciberataques complejos, sino a **errores básicos** como enviar un correo masivo con los destinatarios en copia visible o no firmar contratos de confidencialidad con proveedores externos que manejan datos.

Conclusión

La normativa vigente sobre seguridad y confidencialidad electrónica no debe verse como un obstáculo burocrático, sino como un **marco de protección y confianza** que beneficia tanto a las empresas como a los ciudadanos.

Para el profesional administrativo, esto implica:

▸ Conocer y aplicar los principios básicos del RGPD y la LOPDGDD en todas sus tareas.

▸ Garantizar que la documentación digital cumpla con las exigencias legales en su almacenamiento, transmisión y archivo.

▸ Colaborar activamente con el Delegado de Protección de Datos o con los responsables de seguridad de la organización.

En definitiva, el cumplimiento normativo refuerza la seguridad jurídica, evita sanciones y contribuye a consolidar una cultura empresarial basada en la **responsabilidad, la confianza y la transparencia**.

2.5 CUESTIONARIO – CAPÍTULO 2

1. El mantenimiento preventivo de los equipos informáticos tiene como principal objetivo:

a) Mejorar el diseño de los programas instalados.

b) Prevenir fallos y alargar la vida útil de los componentes.

c) Aumentar la velocidad de la red local.

d) Eliminar archivos duplicados automáticamente.

2. Dentro del hardware de un equipo informático, la CPU se encarga de:

a) Ejecutar las instrucciones y coordinar los procesos del sistema.

b) Almacenar de forma permanente los datos del usuario.

c) Administrar la conexión con internet.

d) Regular la temperatura del equipo.

3. **En una red local (LAN), la supervisión de las conexiones permite:**
   a) Compartir documentos sin necesidad de contraseñas.
   b) Comprobar que los equipos están correctamente conectados y comunicándose.
   c) Sustituir el uso de routers y switches.
   d) Acceder a la red de otras empresas cercanas.

4. **Los sistemas operativos monousuario se caracterizan por:**
   a) Permitir el acceso simultáneo de varios usuarios.
   b) Estar pensados para un único usuario por sesión.
   c) Requerir conexión obligatoria a internet.
   d) Ser exclusivos de entornos empresariales.

5. **La principal diferencia entre un sistema multiusuario y uno monousuario es que:**
   a) El primero permite la conexión de varios usuarios al mismo tiempo.
   b) El segundo ofrece más seguridad en la red.
   c) Ambos necesitan servidores dedicados.
   d) El multiusuario no requiere autenticación.

6. **Un comando básico del sistema operativo que permite crear carpetas es:**
   a) del
   b) mkdir
   c) ping
   d) copy

7. **Las herramientas integradas en un sistema operativo, como el administrador de tareas o el panel de control, sirven para:**
   a) Instalar software no autorizado.
   b) Personalizar la interfaz del usuario únicamente.
   c) Gestionar recursos, usuarios y configuraciones del sistema.
   d) Borrar automáticamente archivos antiguos.

8. **La función principal del cortafuegos (firewall) es:**
   a) Filtrar y controlar las conexiones entrantes y salientes del sistema.
   b) Acelerar la conexión a internet.
   c) Almacenar contraseñas de usuario.
   d) Reemplazar al antivirus en caso de fallo.

9. **La integridad de la información archivada se garantiza mediante:**
   a) El uso de contraseñas y copias de seguridad actualizadas.
   b) La eliminación periódica de archivos.
   c) El uso exclusivo de almacenamiento en la nube.
   d) La desactivación del firewall.

10. **La normativa española que regula la protección de datos personales en sistemas informáticos es:**
    a) La Ley de Propiedad Intelectual.
    b) El Reglamento General de Protección de Datos (RGPD) y la Ley Orgánica 3/2018.
    c) El Código de Comercio.
    d) El Estatuto de los Trabajadores.

Respuestas correctas

1. b) Prevenir fallos y alargar la vida útil de los componentes.

2. a) Ejecutar las instrucciones y coordinar los procesos del sistema.

3. b) Comprobar que los equipos están correctamente conectados y comunicándose.

4. b) Estar pensados para un único usuario por sesión.

5. a) El primero permite la conexión de varios usuarios al mismo tiempo.

6. b) mkdir.

7. c) Gestionar recursos, usuarios y configuraciones del sistema.

8. a) Filtrar y controlar las conexiones entrantes y salientes del sistema.

9. a) El uso de contraseñas y copias de seguridad actualizadas.

10. b) El Reglamento General de Protección de Datos (RGPD) y la Ley Orgánica 3/2018.

3

Gestión básica de información en sistemas gestores de bases de datos

En la actualidad, las organizaciones generan y reciben diariamente una enorme cantidad de datos: contratos, facturas, nóminas, informes de clientes, registros de proveedores, inventarios, correos electrónicos, entre otros. Manejar esta información de manera manual o mediante archivos dispersos (como hojas de cálculo aisladas o documentos sueltos) resulta ineficiente, propenso a errores y, en muchos casos, inseguro. Aquí es donde entran en juego los **sistemas gestores de bases de datos (SGBD)**, que constituyen la base tecnológica para administrar la información de forma ordenada, estructurada y accesible.

Un sistema gestor de bases de datos no es solo un programa que "guarda datos", sino una herramienta que permite **almacenar, organizar, consultar, modificar y proteger** la información de manera sistemática. Gracias a su uso, las empresas pueden garantizar que los datos estén disponibles en el momento necesario, que se mantengan actualizados y que estén protegidos frente a accesos no autorizados o pérdidas accidentales.

El dominio de estas herramientas resulta especialmente relevante para los profesionales administrativos, ya que gran parte de su trabajo depende de la correcta gestión documental. Saber crear una base de datos, introducir registros, consultar información, elaborar informes o configurar permisos de acceso se convierte en una competencia clave para desenvolverse con eficacia en cualquier organización moderna.

En este capítulo estudiaremos:

▼ Qué son las bases de datos, sus tipos, características y estructura básica.

▼ Cómo se mantiene y organiza la información dentro de ellas, evitando errores y duplicidades.

▼ Las diferentes formas de búsqueda y filtrado de datos para obtener rápidamente la información necesaria.

▼ El uso de asistentes y herramientas integradas que facilitan la creación de formularios e informes.

▼ La relación de las bases de datos con otras aplicaciones ofimáticas y contables, así como los aspectos legales y de seguridad que deben respetarse en su manejo.

El objetivo no es únicamente que el estudiante conozca la teoría, sino que **aprenda a aplicar en la práctica** los conocimientos adquiridos, mediante ejemplos concretos, cuadros comparativos y explicaciones paso a paso. De este modo, se logrará que la información no solo se entienda, sino que se interiorice y pueda utilizarse con confianza en el ámbito profesional.

3.1 LAS BASES DE DATOS

Las bases de datos son uno de los pilares fundamentales en la gestión de información de cualquier organización moderna. Hoy en día, prácticamente todas las empresas, instituciones públicas e incluso los pequeños negocios necesitan almacenar, organizar y acceder a grandes volúmenes de datos para poder funcionar de forma eficiente. Ya no hablamos únicamente de llevar un registro de clientes o de productos, sino de manejar información en múltiples áreas: contabilidad, recursos humanos, inventarios, ventas, proyectos, comunicación interna, etc.

El estudio de las bases de datos resulta clave para los futuros profesionales administrativos, ya que permite comprender cómo se organiza la información, cómo se mantiene su integridad y cómo se facilita su consulta. Una base de datos no es un simple fichero, sino un sistema estructurado que, bien gestionado, se convierte en una herramienta estratégica para la toma de decisiones.

En este apartado se abordarán de manera detallada los conceptos básicos que debe dominar un estudiante: la definición, los tipos y las características de las bases de datos, su estructura interna, las principales funciones y utilidades, las formas de organizar la información y, finalmente, el uso de asistentes para configurar de manera inicial un sistema de gestión de datos.

3.1.1 Definición, tipos y características

Cuando hablamos de bases de datos, lo primero que debemos entender es que no se trata simplemente de "guardar información en un ordenador". Una base de datos es un **conjunto organizado, estructurado y coherente de datos** que permite almacenar grandes volúmenes de información de manera ordenada, de forma que sea posible acceder a ellos de manera rápida, segura y precisa.

La clave está en que no solo se almacenan datos, sino que estos se organizan de forma lógica, con criterios que facilitan su recuperación posterior. Para ello, se utilizan programas informáticos especializados llamados **Sistemas Gestores de Bases de Datos (SGBD)**, como MySQL, Oracle, SQL Server, PostgreSQL o Microsoft Access. Estos programas no solo almacenan la información, sino que permiten gestionarla, actualizarla, protegerla y consultarla mediante herramientas y lenguajes específicos, como el **SQL (Structured Query Language)**.

Una base de datos bien diseñada debe cumplir varias características esenciales:

a) **Coherencia e integridad de los datos:** la información no debe ser contradictoria ni estar duplicada.

b) **Acceso eficiente:** los usuarios deben poder encontrar rápidamente la información que buscan.

c) **Seguridad y confidencialidad:** solo las personas autorizadas deben acceder a determinados datos.

d) **Escalabilidad:** debe adaptarse al crecimiento de la organización, permitiendo incorporar más datos sin perder eficiencia.

e) **Independencia lógica y física:** los cambios en la forma en que se guardan los datos no deben afectar a los programas que los utilizan.

Tipos de bases de datos

Para comprender mejor su funcionamiento, conviene diferenciar los tipos más comunes de bases de datos, cada uno con sus ventajas y limitaciones.

a) **Bases de datos relacionales**

Son las más utilizadas en las empresas y organizaciones. En ellas, los datos se almacenan en **tablas** formadas por filas (registros) y columnas (campos). Lo más importante es que se establecen relaciones entre tablas, de manera que la información queda conectada de forma lógica.

Ejemplo

Una base de datos de una universidad puede tener una tabla "Estudiantes" y otra "Asignaturas". Gracias a las relaciones, se puede saber qué estudiantes están matriculados en cada asignatura y con qué calificaciones.

b) **Bases de datos jerárquicas**

Organizan los datos como un **árbol de información**, con un nodo principal y varios niveles subordinados. Cada dato depende de otro superior. Son menos flexibles que las relacionales, pero muy útiles cuando la información sigue una estructura natural de jerarquía.

Ejemplo

Una base de datos de una biblioteca digital puede tener una jerarquía con "Géneros literarios" como nodo principal, que se subdivide en "Novela", "Poesía" y "Ensayo", y dentro de cada uno, los autores y sus libros.

c) **Bases de datos orientadas a objetos**

Además de almacenar datos, guardan también los comportamientos y operaciones asociados a esos datos. Son útiles en aplicaciones que requieren trabajar con elementos complejos, como imágenes, vídeos o diseños en 3D.

Ejemplo

En una empresa de arquitectura, una base de datos orientada a objetos puede almacenar no solo los planos digitales de un edificio, sino también las operaciones que permiten simular cambios en la estructura.

d) Bases de datos documentales y no relacionales (NoSQL)

Se utilizan para manejar datos no estructurados o semiestructurados, como documentos, correos electrónicos, archivos multimedia o grandes volúmenes de información en entornos web. No utilizan tablas tradicionales, sino estructuras más flexibles como documentos JSON.

Ejemplo

Una red social gestiona información de millones de usuarios (publicaciones, fotos, mensajes) mediante bases de datos NoSQL, porque no sería eficiente almacenarla en tablas clásicas.

Tipos de bases de datos

Tipo de base de datos	Estructura principal	Ventajas principales	Limitaciones
Relacional.	Tablas con filas y columnas.	Muy utilizada, flexible, evita duplicidad.	Requiere normalización cuidadosa.
Jerárquica.	Árbol de nodos.	Adecuada para información con estructura fija.	Poco flexible para cambios.
Orientada a objetos.	Objetos con datos y métodos.	Útil en aplicaciones técnicas y multimedia.	Mayor complejidad de diseño.
Documental / NoSQL.	Documentos o colecciones.	Ideal para big data y datos no estructurados.	Menos estandarización.

Ejemplo

En una pequeña librería, una base de datos relacional puede organizar la información en tres tablas: "Clientes", "Libros" y "Ventas". Cada cliente tiene un identificador único que se relaciona con las compras registradas en la tabla de ventas. Así, se puede consultar fácilmente qué clientes compraron un determinado libro o cuánto se ha vendido en un mes concreto. Esto sería casi imposible de gestionar de forma ordenada en una simple hoja de cálculo.

Nota

Aunque en entornos domésticos puedan usarse hojas de cálculo como sustituto básico de una base de datos, estas no están diseñadas para manejar grandes volúmenes de información ni garantizar su integridad. Además, carecen de mecanismos avanzados de seguridad, control de accesos y relación entre datos que sí ofrecen los sistemas gestores de bases de datos.

3.1.2 Estructura básica de una base de datos

Comprender la estructura básica de una base de datos es un paso fundamental para cualquier estudiante que se inicia en el mundo de la gestión de la información. Una base de datos no es simplemente un "almacén de datos", sino que funciona como un **sistema organizado en distintos niveles y componentes**, diseñados para que la información sea accesible, coherente y útil.

Imaginemos una base de datos como una biblioteca: no basta con tener los libros; es necesario organizarlos en estanterías, secciones y categorías que permitan encontrarlos con facilidad. De la misma manera, una base de datos cuenta con una serie de elementos estructurales que sirven para almacenar, clasificar y relacionar la información.

En este apartado, explicaremos cuáles son los componentes básicos de una base de datos, cómo se organizan y cuál es su importancia práctica en el entorno empresarial y administrativo.

Componentes principales de la estructura de una base de datos

a) Tablas

Las tablas son la base sobre la que se construyen la mayoría de las bases de datos, especialmente las relacionales. Una tabla se organiza en filas y columnas:

- Las **filas** representan registros (un cliente, una factura, un producto).

- Las **columnas** representan campos o atributos (nombre, fecha, precio, dirección).

Ejemplo

En una tabla de "Clientes", cada fila correspondería a un cliente específico, mientras que las columnas contendrían información como "Nombre", "Teléfono", "Correo electrónico" o "Dirección".

---

b) Registros y campos

Los registros son las unidades completas de información (una fila de la tabla), y los campos son los datos individuales que lo componen (cada columna).

Ejemplo

En la fila de un cliente, el registro puede incluir "Juan Pérez" como nombre, "600123456" como teléfono y "Madrid" como ciudad.

---

c) Claves primarias y foráneas

Para garantizar que no existan duplicados y que los datos se relacionen correctamente, se utilizan claves:

- La **clave primaria** identifica de forma única a cada registro.
- La **clave foránea** conecta una tabla con otra, creando relaciones entre los datos.

Ejemplo

En una tabla de "Ventas", la clave foránea "ID_Cliente" enlaza cada venta con el cliente correspondiente en la tabla "Clientes".

d) Consultas

Son peticiones de información a la base de datos. Permiten filtrar, ordenar y combinar datos de diferentes tablas.

Ejemplo

Una consulta puede mostrar únicamente los clientes de Madrid que realizaron compras superiores a 500 €.

e) Formularios

Son interfaces gráficas que facilitan la introducción de datos en la base de datos, evitando errores y simplificando el proceso.

Ejemplo

En lugar de escribir directamente en la tabla, un empleado puede rellenar un formulario con campos ya predefinidos.

f) Informes

Los informes presentan los datos de forma organizada para la toma de decisiones. Pueden incluir tablas, gráficos y resúmenes.

Ejemplo

Un informe mensual de ventas puede mostrar el total facturado, los productos más vendidos y la evolución respecto al mes anterior.

Elementos estructurales de una base de datos

Elemento	Función principal	Ejemplo en empresa
Tabla.	Organizar los datos en filas y columnas.	Tabla "Clientes" con nombre, dirección y teléfono.
Registro.	Unidad completa de información.	Fila con los datos de un cliente concreto.
Campo.	Atributo específico del registro.	"Correo electrónico" dentro de la tabla "Clientes".
Clave primaria.	Identificar un registro de manera única.	"ID_Cliente" = 001.
Clave foránea.	Relacionar tablas.	"ID_Cliente" en la tabla "Ventas".
Consulta.	Recuperar información específica.	Clientes de Madrid con compras > 500 €.
Formulario.	Introducir datos fácilmente.	Pantalla para registrar un nuevo cliente.
Informe.	Presentar datos organizados.	Resumen de ventas trimestrales.

Ejemplo

Una empresa de transporte necesita registrar sus clientes, vehículos y viajes. Para ello, crea tres tablas:

- "Clientes" (ID_Cliente, Nombre, Dirección).

- "Vehículos" (ID_Vehículo, Matrícula, Tipo).

- "Viajes" (ID_Viaje, ID_Cliente, ID_Vehículo, Fecha, Distancia).

Gracias a las relaciones entre tablas, el sistema puede responder preguntas como:

- ¿Qué cliente realizó más viajes en el último mes?

- ¿Qué vehículo recorrió más kilómetros en un trimestre?

- ¿Cuánto se facturó a cada cliente en un periodo determinado?

Nota

La estructura de una base de datos debe planificarse cuidadosamente antes de empezar a introducir datos. Una mala planificación puede generar duplicidades, incoherencias y dificultades para recuperar la información. Diseñar correctamente las tablas, las relaciones y las claves es tan importante como introducir los datos de manera precisa.

3.1.3 Funciones y utilidades

Una base de datos aporta valor cuando convierte datos dispersos en **información fiable, accesible y accionable**. Para ello, los sistemas gestores de bases de datos (SGBD) ofrecen un conjunto de **funciones** (lo que el sistema es capaz de hacer) y **utilidades** (herramientas concretas para el usuario) que permiten almacenar con estructura, relacionar registros, buscar con rapidez, asegurar la integridad, proteger el acceso, automatizar tareas y presentar resultados en informes claros. Entender estas capacidades es clave para el trabajo administrativo: evita errores, reduce tiempos y facilita el cumplimiento normativo.

3.1.3.1 FUNCIONES NUCLEARES DEL SGBD

▸ **Almacenamiento estructurado (tablas, registros y campos)**
Organiza la información en tablas relacionadas, con tipos de datos coherentes y restricciones.

Ejemplo

En una gestoría, la tabla Clientes almacena NIF, nombre y correo; la tabla Facturas guarda número, fecha e importe, y se vincula a Clientes mediante el NIF, evitando duplicidades y pérdidas.

▸ **Búsqueda y recuperación eficiente**
Permite localizar datos con filtros y consultas, incluso sobre múltiples tablas.

Ejemplo

Un administrativo localiza en segundos todas las facturas impagadas del segundo trimestre mediante un filtro por estado = "pendiente" y fecha entre abril y junio.

- **Relación entre datos (integridad referencial)**

  Vincula tablas para que los registros tengan sentido conjunto y no queden "huérfanos".

Ejemplo

Si se intenta borrar un cliente con facturas asociadas, el SGBD lo impide o exige reasignar las facturas, evitando incoherencias.

- **Control de integridad y validaciones**

  Evita entradas inválidas y asegura reglas de negocio.

Ejemplo

Se define que el campo Importe no pueda ser negativo y que el NIF sea único; el sistema rechazará valores erróneos antes de almacenar el registro.

- **Seguridad y control de accesos**

  Gestiona usuarios, roles y permisos por tabla, vista o columna.

Ejemplo

El personal de administración puede consultar y editar facturas, pero solo el responsable financiero puede ver la columna "descuento especial".

◢ **Transaccionalidad y consistencia**

Agrupa cambios como una "transacción": si algo falla, se revierte todo para no dejar datos a medias.

Ejemplo

En un cobro, si la actualización del saldo del cliente falla, la inserción del asiento contable también se deshace para mantener coherencia.

◢ **Copia de seguridad y recuperación**

Automatiza backups y restauraciones programadas.

Ejemplo

La base de datos se copia cada noche a un servidor externo cifrado, permitiendo recuperar el sistema tras un incidente.

◢ **Consultas avanzadas e informes**

Genera listados, resúmenes y gráficos con criterios precisos.

Ejemplo

Un informe mensual agrupa ventas por provincia y calcula totales y porcentajes, listo para enviar a dirección.

Nota

Las funciones internas (integridad, transacciones, seguridad) no son "lujos técnicos"; son el cimiento que evita errores costosos, sanciones por datos inconsistentes y pérdidas de confianza.

3.1.3.2 UTILIDADES PRÁCTICAS PARA EL TRABAJO ADMINISTRATIVO

a) **Formularios de entrada de datos**

Simplifican el alta y edición con controles, listas y validaciones.

Ejemplo

Un formulario de altas de proveedores obliga a completar IBAN con formato válido e impide registrar un correo sin "@".

---

b) **Consultas y filtros predefinidos**

Guardan búsquedas frecuentes para reutilizarlas.

Ejemplo

"Pedidos pendientes de envío" filtra por estado = "pendiente" y fecha de pedido ≤ hoy, y está disponible con un clic.

---

c) Vistas

Presentan solo las columnas necesarias y ocultan otras sensibles.

Ejemplo

La vista Clientes Comercial muestra nombre, teléfono y provincia, pero oculta el límite de crédito.

d) Informes y exportaciones

Construyen documentos con logotipos, totales, saltos por agrupación y permiten exportar a PDF o Excel.

Ejemplo

El informe "Ventas por familia de producto – Trimestral" se envía a gerencia en PDF cada final de trimestre.

e) Tablas vinculadas y relaciones asistidas

Los asistentes ayudan a definir claves primarias y foráneas.

Ejemplo

Al relacionar Facturas con Clientes por NIF, el asistente comprueba tipos y cardinalidad, evitando errores de diseño.

f) Automatización con macros o disparadores (triggers)

Ejecutan acciones al producirse un evento.

Ejemplo

Al marcar una factura como "pagada", un trigger inserta automáticamente el asiento contable y registra la fecha de cobro.

g) **Registro de auditoría (log)**

Deja huella de quién hizo qué y cuándo.

Ejemplo

Si un importe fue modificado, el log refleja usuario, cambio y fecha, útil ante incidencias o auditorías.

h) **Mecanismos de detección de duplicación**

Detectan y fusionan registros repetidos.

Ejemplo

Dos fichas de "Transportes Norte" con distinto NIF son detectadas y se ofrece un asistente para consolidarlas.

3.1.3.3 CASO INTEGRADO PASO A PASO

Escenario: una distribuidora minorista quiere controlar clientes, productos, pedidos y cobros.

Ejemplo

Se diseñan cuatro tablas: Clientes (NIF, nombre, email), Productos (código, familia, PVP), Pedidos (número, fecha, NIF, cliente) y Detalle Pedido (número pedido, código producto, cantidad, precio). Se establecen claves primarias y foráneas para asegurar integridad; se crean formularios para altas y modificaciones, y consultas para "Pedidos por servir" y "Ventas por familia". Se definen roles: el personal de almacén ve productos y pedidos, pero no datos de precios especiales; el departamento financiero ve cobros y márgenes. Un trigger actualiza stock al registrar una venta; un job nocturno realiza copia de seguridad. Mensualmente, un informe automático resume ventas por provincia y margen medio, y se exporta a PDF para dirección. Si un operador intenta borrar un cliente con pedidos, el sistema lo impide para no romper relaciones; si falla el alta de un cobro, la transacción se revierte, dejando la base en estado consistente.

3.1.3.4 GESTIÓN MANUAL VS. CON BASE DE DATOS

Aspecto	Gestión manual (hojas sueltas/Excel aislado)	Gestión con base de datos (SGBD)
Integridad de datos.	Alta probabilidad de duplicidades y errores.	Validaciones, claves y reglas evitan incoherencias.
Búsqueda y filtros.	Lenta y poco fiable.	Consultas rápidas, reutilizables y precisas.
Relación entre registros.	Difícil y propensa a fallos.	Relaciones formales entre tablas.
Seguridad y permisos.	Limitada, dependiente del archivo.	Control granular por usuarios, roles y vistas.
Auditoría y trazabilidad.	Escasa o inexistente.	Logs de cambios y acciones.
Copias de seguridad.	Manuales, irregulares.	Backups programados y verificados.
Automatización.	Nula o con macros frágiles.	Triggers, jobs y procesos robustos.
Escalabilidad y rendimiento.	Se degrada con el volumen.	Optimización mediante índices y planes de consulta.

Nota

Excel es excelente para análisis y reporting, pero no sustituye a una base de datos cuando la prioridad es **integridad, seguridad, multipuesto y crecimiento**.

3.1.3.5 BUENAS PRÁCTICAS Y ERRORES FRECUENTES

Buenas prácticas

▸ Diseñar primero el **modelo de datos** (entidades, relaciones, cardinalidades), luego construir tablas y formularios.

▸ Definir **claves primarias** y **foráneas** desde el inicio; añadir **índices** a campos de búsqueda frecuente.

- ☞ Implantar **roles y permisos** alineados con la política de seguridad de la empresa.

- ☞ Programar **copias de seguridad** y pruebas periódicas de restauración.

- ☞ Documentar consultas e informes críticos y su responsable.

- ☞ Establecer **validaciones** de entrada para asegurar formatos y rangos.

Errores frecuentes

- ☞ Crear tablas sin clave primaria o permitir valores nulos injustificados.

- ☞ Duplicar información por falta de normalización.

- ☞ Usar la misma cuenta para todos los usuarios, impidiendo trazabilidad.

- ☞ No planificar backups o no comprobar su restauración.

- ☞ Construir informes directamente sobre tablas sin vistas filtradas, exponiendo datos sensibles.

Ejemplo

Una clínica dental sufría citas duplicadas y cobros imputados al paciente equivocado; la causa era la ausencia de clave primaria en la tabla de citas y la inexistencia de integridad referencial. Tras rediseñar el modelo con claves y relaciones, los errores desaparecieron y el tiempo de atención administrativa se redujo en un 30 %.

Conclusión

Una base de datos aporta **orden, rapidez, seguridad y evidencia**. Las funciones internas del SGBD (integridad, transacciones, seguridad, copias) sostienen la fiabilidad del sistema, mientras que sus utilidades (formularios, consultas, vistas, informes y automatización) convierten los datos en decisiones y resultados. Integrar ambas dimensiones con buenas prácticas de diseño y operación es lo que diferencia un repositorio de datos de una **plataforma de información profesional**.

3.1.4 Organización de la información

La utilidad de una base de datos no depende solo de la cantidad de datos que almacena, sino de **cómo están organizados**. De nada serviría reunir miles de registros si estos se encuentran dispersos, duplicados o sin un criterio lógico de clasificación. La organización de la información es el proceso que convierte un simple conjunto de datos en una **herramienta estratégica** para la empresa, ya que permite localizar, interpretar y relacionar registros de forma clara y eficiente.

Para un estudiante que comienza en el mundo de la administración, es fundamental comprender que la organización de la información en una base de datos va mucho más allá de crear tablas al azar: implica aplicar principios de normalización, definir relaciones entre entidades, estructurar jerárquicamente los campos y garantizar que la información se mantiene íntegra a lo largo del tiempo.

Este apartado se centra en analizar las distintas formas de organización de la información, las reglas básicas que guían este proceso y los beneficios que aporta al trabajo administrativo diario.

3.1.4.1 NORMALIZACIÓN DE LA BASE DE DATOS

La normalización consiste en aplicar una serie de reglas que evitan redundancias y aseguran que cada dato se almacene una sola vez en el lugar correcto.

Ejemplo

Si en la tabla de Facturas incluimos la dirección de cada cliente, y este aparece en 30 facturas diferentes, cada cambio de dirección obligaría a modificar 30 registros. La normalización resuelve esto creando una tabla Clientes con un solo registro por cliente, vinculada a Facturas mediante su NIF.

Nota

La normalización no es un capricho académico, sino un requisito para mantener la coherencia de la información y reducir errores en la gestión.

3.1.4.2 ESTRUCTURACIÓN JERÁRQUICA DE LOS DATOS

Una base de datos debe organizar la información en niveles bien definidos:

- ▸ **Campos**: son la unidad mínima, como el nombre, el NIF o el importe.

- ▸ **Registros**: agrupan varios campos, por ejemplo, una ficha de cliente.

- ▸ **Tablas**: reúnen registros de la misma naturaleza, como Clientes o Productos.

- ▸ **Relaciones**: vinculan tablas entre sí para dar sentido a la información.

Ejemplo

En una academia de idiomas, cada alumno tiene su ficha (registro) con campos como nombre, edad y curso. Todos los alumnos se almacenan en la tabla Alumnos. Esta se relaciona con la tabla Cursos, que indica el idioma, nivel y profesor.

3.1.4.3 RELACIONES ENTRE TABLAS

Las relaciones permiten que los datos de diferentes tablas se conecten de forma lógica. Las principales son:

- ▸ **Uno a uno**: un registro se vincula con otro único.
- ▸ **Uno a muchos**: un registro se vincula con varios.
- ▸ **Muchos a muchos**: varios registros se relacionan con varios.

Ejemplo

Un cliente puede tener muchas facturas (relación uno a muchos), mientras que un curso puede estar impartido por varios profesores y, a su vez, un profesor dar varios cursos (relación muchos a muchos).

Cuadro comparativo

Tipo de relación	Ejemplo empresarial	Característica principal
Uno a uno.	Un trabajador – un contrato.	Exclusividad.
Uno a muchos.	Un cliente – muchas facturas.	Amplitud.
Muchos a muchos.	Profesores – cursos.	Interdependencia.

3.1.4.4 INTEGRIDAD DE LA INFORMACIÓN

La organización también implica establecer reglas que garanticen que los datos siempre sean correctos y coherentes. Esto se logra mediante:

- **Claves primarias**: identificadores únicos de cada registro.
- **Claves foráneas**: referencias entre tablas.
- **Restricciones**: reglas como "el campo Importe no puede ser negativo".

Ejemplo

En la tabla Alumnos, el campo NIF debe ser único. Si un usuario intenta registrar el mismo NIF dos veces, el sistema lo rechaza para mantener la integridad.

Nota

La integridad no solo protege contra errores humanos, sino también contra fraudes, al impedir manipulaciones indebidas en la base de datos.

3.1.4.5 BENEFICIOS DE UNA BUENA ORGANIZACIÓN

Una base de datos bien organizada proporciona:

- **Rapidez en las consultas**: encontrar datos en segundos.
- **Fiabilidad**: los registros son correctos y coherentes.
- **Ahorro de espacio**: se evita la duplicidad de información.
- **Seguridad**: se controla quién accede a cada parte.
- **Escalabilidad**: el sistema crece con la empresa sin colapsar.

Ejemplo

Una gestoría con bases de datos organizadas puede extraer en minutos un listado de clientes morosos y generar cartas personalizadas, mientras que otra que trabaja con datos desordenados tardaría días en conseguirlo.

Conclusión

La organización de la información en bases de datos es la clave para que los datos se conviertan en conocimiento útil. A través de la normalización, la estructuración jerárquica, las relaciones y la integridad, el sistema se transforma en una herramienta robusta que mejora la eficiencia, reduce errores y aporta seguridad.

Nota

Para un profesional administrativo, dominar estas técnicas significa poder ofrecer información fiable y rápida a la dirección, lo que aumenta su valor estratégico dentro de la empresa

3.1.5 Uso de asistentes para configuración inicial

Cuando una persona se enfrenta por primera vez a la creación de una base de datos, la tarea puede parecer compleja: hay que decidir cómo se estructurarán las tablas, qué campos tendrá cada una, cómo se relacionarán entre sí y qué restricciones se aplicarán. Para facilitar este proceso, la mayoría de los sistemas gestores de bases de datos (SGBD) incorporan **asistentes de configuración inicial**, herramientas interactivas que guían al usuario paso a paso en la creación y personalización de la base de datos.

Estos asistentes son especialmente útiles para estudiantes y profesionales administrativos sin experiencia previa, ya que reducen la posibilidad de errores y ofrecen un entorno amigable para dar los primeros pasos. Lejos de ser simples utilidades básicas, los asistentes incorporan opciones avanzadas que permiten configurar desde plantillas prediseñadas hasta reglas de integridad y permisos de acceso.

La finalidad de este apartado es comprender cómo funcionan los asistentes, cuáles son sus ventajas y limitaciones y de qué manera pueden convertirse en aliados en la práctica administrativa diaria.

3.1.5.1 FUNCIONAMIENTO GENERAL DE LOS ASISTENTES

Los asistentes presentan un conjunto de **pantallas sucesivas** que plantean al usuario preguntas o decisiones concretas. Cada respuesta que se selecciona va construyendo la base de datos de manera estructurada.

- ▸ **Elección del tipo de base de datos** (en blanco, a partir de plantilla o importando datos).

- ▸ **Definición de las tablas necesarias.**

- ▸ **Creación de campos con sus tipos de datos** (texto, numérico, fecha, booleano, etc.).

- ▸ **Establecimiento de claves primarias y relaciones**.

- ▸ **Configuración de formularios y vistas iniciales.**

Ejemplo

En Microsoft Access, el asistente permite seleccionar la plantilla "Gestión de clientes". De forma automática genera tablas de Clientes, Pedidos y Productos, con campos básicos ya definidos, como nombre, dirección o precio. El usuario solo debe personalizarlos según las necesidades concretas de su empresa.

3.1.5.2 VENTAJAS DEL USO DE ASISTENTES

Los asistentes no son únicamente un apoyo inicial, sino que aportan múltiples beneficios:

- ▸ **Ahorro de tiempo**: evitan diseñar desde cero, lo que es útil en entornos con plazos ajustados.

- ▸ **Reducción de errores**: guían en la elección de tipos de datos adecuados y evitan inconsistencias.

▼ **Aprendizaje progresivo**: muestran las opciones más comunes de manera intuitiva, ayudando a familiarizarse con el funcionamiento de un SGBD.

▼ **Personalización**: aunque parten de plantillas, permiten modificar y añadir campos según las necesidades.

Ejemplo

Un administrativo que necesita crear una base de datos para registrar nóminas puede utilizar el asistente de Access. En pocos minutos, dispone de una tabla con campos básicos como empleado, salario bruto y retenciones, evitando así posibles errores en la definición manual.

Nota

Aunque los asistentes simplifican el proceso, no sustituyen la necesidad de comprender cómo se organizan los datos. Un usuario avanzado deberá, en muchos casos, modificar lo creado para adaptarlo mejor a los requerimientos específicos de su organización.

3.1.5.3 LIMITACIONES DE LOS ASISTENTES

Pese a sus ventajas, los asistentes presentan también limitaciones que conviene tener en cuenta:

▼ **Rigidez en el diseño**: las plantillas no siempre se ajustan a las necesidades de la empresa.

▼ **Exceso de confianza**: algunos usuarios creen que no es necesario aprender teoría de bases de datos, lo que puede generar problemas en el futuro.

▼ **Falta de optimización**: las configuraciones automáticas no siempre son las más eficientes en términos de rendimiento.

Ejemplo

Una empresa que trabaja con facturación internacional puede encontrar insuficiente una plantilla básica de "Facturas", ya que no contempla divisas múltiples ni impuestos diferenciados por país.

3.1.5.4 APLICACIONES EN LA PRÁCTICA ADMINISTRATIVA

En el ámbito de la administración, los asistentes permiten poner en marcha soluciones rápidas para gestionar información sin necesidad de programadores.

- **Bases de datos de clientes y proveedores.**

- **Registros de facturación y cobros.**

- **Control de asistencia del personal.**

- **Inventarios de materiales y equipos.**

Ejemplo

En una pyme con pocos recursos tecnológicos, el asistente de un SGBD puede proporcionar en cuestión de horas un sistema básico para llevar el inventario de la empresa, sustituyendo a las hojas de cálculo y mejorando la trazabilidad de los productos.

Conclusión

El uso de asistentes para la configuración inicial de bases de datos constituye una herramienta fundamental para quienes se inician en el manejo de SGBD. Permite **ahorrar tiempo, evitar errores y familiarizarse con los conceptos básicos** de organización de la información. Sin embargo, no debe confundirse con una solución definitiva: los asistentes son el punto de partida, no el destino final.

Nota

Un profesional competente sabrá cuándo recurrir al asistente y cuándo diseñar manualmente la estructura de la base de datos para garantizar que responda a las necesidades reales de la empresa.

3.2 MANTENIMIENTO DE INFORMACIÓN EN APLICACIONES DE BASES DE DATOS

Una vez que una base de datos ha sido creada y configurada correctamente, comienza la fase más importante: su **mantenimiento**. Mantener la información significa mucho más que añadir nuevos registros. Implica garantizar que los datos estén siempre **actualizados, completos, precisos y disponibles** para los usuarios que los necesiten.

En el contexto empresarial y administrativo, las bases de datos constituyen la base para la toma de decisiones estratégicas y operativas. Una nómina mal introducida, un cliente registrado dos veces o un pedido no actualizado puede ocasionar problemas graves: desde pérdidas económicas hasta conflictos legales. Por ello, el mantenimiento de la información en las aplicaciones de bases de datos debe considerarse una **tarea continua, sistemática y crítica** para el correcto funcionamiento de la organización.

En este apartado vamos a profundizar en cómo se lleva a cabo el mantenimiento de datos en las bases de datos, explicando los procesos de **introducción de información**, **ordenación de registros**, **uso de asistentes para formularios de entrada** y **actualización constante de los datos**.

3.2.1 Introducción de información

El primer paso del mantenimiento es la **carga inicial y continua de datos**. Cada registro que se introduce debe cumplir con unas normas de consistencia, evitando duplicados y errores.

Ejemplo

Al registrar clientes en una base de datos de una empresa comercial, debe verificarse que no exista ya el mismo cliente con otro nombre ("Juan Pérez" y "J. Pérez" podrían confundirse). Para evitarlo, los sistemas suelen incorporar validaciones que detectan coincidencias y piden confirmación al usuario.

Nota

Una buena práctica es establecer campos obligatorios (como NIF o correo electrónico) que sirvan de identificadores únicos y faciliten la localización posterior.

3.2.2 Ordenación de registros

Una base de datos no sería útil si la información estuviera desordenada o difícil de localizar. Por eso, es fundamental mantener criterios de ordenación que permitan búsquedas rápidas y eficientes.

Existen varias formas de ordenar los registros:

▼ **Orden alfabético** (por nombre o razón social).

▼ **Orden cronológico** (por fecha de alta, de pedido o de vencimiento).

▼ **Orden numérico** (por códigos de cliente, facturas o referencias internas).

Ejemplo

Un administrativo que gestiona las facturas puede ordenar la tabla por "fecha de vencimiento" para identificar de inmediato cuáles están próximas a caducar y organizar los pagos en consecuencia.

Nota

Muchos programas permiten guardar "vistas personalizadas", lo que facilita mantener un orden predefinido sin tener que aplicar filtros manuales cada vez.

3.2.3 Asistentes para formularios de introducción de información

Los formularios son la **puerta de entrada** a la base de datos. Gracias a ellos, el usuario no necesita interactuar directamente con las tablas (lo que puede resultar confuso), sino que utiliza pantallas amigables que solicitan la información en campos organizados.

Ejemplo

En Access, un formulario de "Registro de clientes" puede incluir casillas para el nombre, dirección, teléfono y correo electrónico. El asistente se encarga de enlazar cada casilla con la columna correspondiente en la tabla, reduciendo el riesgo de errores.

Nota

Los formularios no solo facilitan la introducción de datos, sino que también pueden incorporar menús desplegables, validaciones automáticas y mensajes de error que refuerzan la calidad de la información.

3.2.4 Actualización de datos

El mantenimiento implica también la **modificación y eliminación de registros obsoletos**. La información empresarial cambia constantemente, y mantenerla actualizada es esencial para la fiabilidad de la base de datos.

- **Modificación**: actualizar datos de contacto de clientes, corregir errores ortográficos o cambiar condiciones de un contrato.

- **Eliminación**: dar de baja a proveedores que ya no operan o eliminar productos descatalogados.

Ejemplo

Si una empresa cambia de domicilio fiscal, el administrativo debe modificar el campo correspondiente en la base de datos para que las facturas futuras sean emitidas correctamente.

Nota

No se recomienda borrar datos históricos de manera definitiva. Una buena práctica es mantener registros inactivos en tablas separadas o aplicar un estado de "inactivo", de modo que la información pueda consultarse en caso necesario (auditorías, estadísticas o reclamaciones).

Conclusión

El mantenimiento de información en bases de datos es un proceso dinámico que asegura la **calidad, coherencia y utilidad de los datos** para la empresa. No basta con crear la base de datos: es necesario alimentarla, revisarla y ajustarla continuamente para que refleje la realidad de la organización.

Ejemplo

Una base de datos bien mantenida permite a una empresa de logística saber en tiempo real cuántos envíos están en curso, cuáles están pendientes de cobro y qué clientes son más rentables, información clave para tomar decisiones estratégicas.

Nota

El mantenimiento de bases de datos no debe ser visto como una tarea secundaria, sino como un componente central de la gestión empresarial. La precisión de los datos impacta directamente en la eficiencia, la transparencia y la capacidad de respuesta de la organización.

3.3 BÚSQUEDAS DE INFORMACIÓN EN APLICACIONES DE BASES DE DATOS

De nada sirve contar con una base de datos extensa si la información que contiene no puede localizarse de manera rápida y eficiente. La verdadera utilidad de un sistema gestor de bases de datos (SGBD) no reside únicamente en almacenar datos, sino en **facilitar su recuperación, análisis y presentación**.

En un entorno empresarial o administrativo, es común que se necesiten consultas como:

- ▸ ¿Cuántos clientes realizaron compras en el último trimestre?
- ▸ ¿Qué facturas están pendientes de cobro?
- ▸ ¿Cuáles son los productos más vendidos por región?

Poder responder a estas preguntas en cuestión de segundos es la diferencia entre trabajar con simples listas desordenadas y aprovechar el verdadero potencial de una base de datos.

Las búsquedas de información se realizan a través de **filtros**, **consultas** y, en muchos programas, mediante **asistentes** que guían al usuario paso a paso. Cada herramienta tiene sus particularidades y ventajas, y todas ellas son indispensables para un correcto mantenimiento y análisis de datos.

3.3.1 Uso de filtros

En cualquier base de datos, los filtros constituyen una de las herramientas más accesibles y prácticas para la recuperación de información. Su principal ventaja es la simplicidad de uso: no requieren conocimientos avanzados ni de programación ni de lenguaje SQL, ya que bastan unos pocos clics o la introducción de un criterio en un cuadro de búsqueda para localizar la información deseada.

Para un estudiante o un profesional administrativo que se inicia en la gestión de bases de datos, los filtros representan el primer contacto con las posibilidades de explotación de la información. Aunque su potencia es limitada frente a las consultas, permiten resolver necesidades inmediatas como localizar un cliente concreto, revisar las ventas de un periodo específico o comprobar los movimientos de un determinado proveedor.

En términos didácticos, los filtros ayudan a comprender cómo están organizados los datos y fomentan la exploración de la base de datos sin miedo a alterar su contenido, ya que se aplican de manera temporal y no destructiva: al quitar el filtro, todos los datos vuelven a mostrarse.

Tipos de filtros más comunes

Filtros por valor exacto: muestran únicamente los registros que coinciden con un dato concreto.

Ejemplo

En una tabla de clientes, filtrar por "Madrid" en el campo "Ciudad" devuelve únicamente aquellos clientes localizados en esa ciudad.

a) **Filtros por intervalo o rango**:

Permiten delimitar los resultados dentro de un rango de fechas, importes o cualquier otro valor numérico.

Ejemplo

En una tabla de facturación, aplicar un filtro entre 1.000 y 3.000 € muestra únicamente las facturas comprendidas en ese rango de importe.

b) **Filtros por condición lógica**:

Utilizan operadores como mayor que (>), menor que (<), diferente (≠) o igual (=).

Ejemplo

Un administrativo quiere localizar los productos cuyo stock sea menor a 50 unidades. El filtro "<50" aplicado en el campo "Cantidad" devuelve los artículos en riesgo de ruptura de inventario.

c) **Filtros combinados:**

Permiten aplicar más de un criterio al mismo tiempo, como filtrar por ciudad y por fecha de alta simultáneamente.

Ejemplo

Mostrar los clientes de "Sevilla" que fueron incorporados a la base de datos después del 1 de enero de 2024.

d) **Filtros avanzados o personalizados:**

Algunos programas de bases de datos permiten aplicar expresiones más complejas que incluyen varios campos y condiciones.

Ventajas del uso de filtros

▼ **Inmediatez**: la aplicación del filtro se realiza en segundos.

▼ **Accesibilidad**: no se necesitan conocimientos técnicos.

▼ **Exploración rápida**: facilitan el análisis inicial de grandes volúmenes de datos.

▼ **Flexibilidad temporal**: pueden aplicarse y eliminarse sin afectar a los datos originales.

▼ **Facilidad de aprendizaje**: ayudan al estudiante a entender la lógica de búsqueda dentro de una base de datos.

▼ **Limitaciones de los filtros**

Aunque muy útiles, los filtros tienen un alcance limitado:

▼ No permiten realizar cálculos complejos como sumas, promedios o recuentos.

▼ No combinan datos de varias tablas de manera simultánea.

▼ No pueden guardarse como instrucciones permanentes para repetir la búsqueda, a diferencia de las consultas.

Nota

Por estas razones, los filtros deben entenderse como una herramienta de uso rápido para necesidades puntuales, mientras que las consultas son la vía adecuada para análisis más avanzados o recurrentes.

Ejemplo

Paso a paso

Supongamos que una empresa dispone de una base de datos con miles de registros de facturas emitidas durante los últimos cinco años. Un administrativo necesita verificar todas las facturas correspondientes al mes de abril de 2025.

- ◤ Abre la tabla "Facturación" en el SGBD.

- ◤ Selecciona el campo "Fecha de emisión".

- ◤ Aplica un filtro personalizado indicando "desde 01/04/2025 hasta 30/04/2025".

El sistema muestra únicamente las facturas de ese mes, lo que facilita su revisión o exportación a un informe.

Ejemplo

Gracias a este filtro, en lugar de revisar manualmente más de 10.000 registros, el administrativo obtiene de inmediato solo 320 facturas de abril de 2025.

Conclusión

El uso de filtros es una competencia básica pero fundamental en la gestión de bases de datos. Su simplicidad los convierte en un recurso ideal para consultas rápidas, y su carácter no destructivo ofrece seguridad al usuario principiante. Sin embargo, es importante que el estudiante comprenda que los filtros no sustituyen a las consultas avanzadas, sino que las complementan como una herramienta de primer nivel en el día a día administrativo.

Nota

Dominar los filtros proporciona confianza inicial en la interacción con bases de datos, y prepara el terreno para comprender y aprovechar consultas más potentes en etapas posteriores del aprendizaje.

3.3.2 Consultas básicas y avanzadas

Mientras que los filtros permiten realizar búsquedas rápidas y sencillas sobre una tabla, las consultas representan un paso más en el manejo de bases de datos. Se trata de una herramienta mucho más potente que permite **definir criterios complejos, combinar información de distintas tablas, realizar cálculos y generar resultados organizados** que pueden reutilizarse cuantas veces sea necesario.

En la práctica empresarial, las consultas son imprescindibles para transformar los datos en información útil. Un administrativo que domine su uso puede responder preguntas clave como: ¿qué clientes acumulan mayores compras en el último año?, ¿cuál es el importe medio de las facturas por departamento?, ¿qué productos generan más beneficio?, o ¿qué empleados cumplen condiciones específicas de antigüedad y salario?

Comprender el funcionamiento de las consultas es fundamental para avanzar en el aprendizaje de los sistemas gestores de bases de datos. A diferencia de los filtros, que son temporales, las consultas se pueden **guardar y reutilizar** como si fueran informes permanentes. De este modo, la empresa gana eficiencia, ya que no necesita repetir manualmente los mismos procesos cada vez que necesita un análisis.

En este apartado se estudiarán dos niveles: las **consultas básicas**, que permiten realizar búsquedas con criterios sencillos, y las **consultas avanzadas**, que incorporan condiciones múltiples, cálculos automáticos y combinaciones de varias tablas.

3.3.2.1 CONSULTAS BÁSICAS

Las consultas básicas son aquellas que utilizan uno o pocos criterios para seleccionar información de una tabla. Son similares a los filtros, pero con ventajas adicionales: pueden guardarse, imprimirse y combinar resultados en informes.

Ejemplo

En una tabla de "Clientes", un administrativo puede crear una consulta que muestre solo los clientes cuya ciudad sea "Madrid". Esta consulta se guarda y puede volver a ejecutarse en cualquier momento, sin necesidad de aplicar de nuevo el filtro manualmente.

Características principales de las consultas básicas:

▸ Utilizan **un criterio sencillo** (un campo y un valor específico).

▸ Devuelven registros de **una sola tabla**.

▸ Pueden ordenarse los resultados por uno o varios campos.

▸ Se guardan para ser reutilizadas.

Ejemplo

Paso a paso

▸ Abrir el asistente de consultas en el SGBD.

▸ Seleccionar la tabla "Facturas".

▸ Elegir los campos que se desean visualizar: "Número de factura", "Fecha", "Cliente" y "Importe".

▸ Establecer un criterio en el campo "Cliente" = "Transportes Marín".

▸ Ejecutar la consulta: el sistema devuelve todas las facturas emitidas a ese cliente.

Ejemplo

La empresa obtiene en segundos un listado con las 45 facturas emitidas a "Transportes Marín" durante el último ejercicio, sin necesidad de revisarlas manualmente.

3.3.2.2 CONSULTAS AVANZADAS

Las consultas avanzadas van más allá de las búsquedas simples. Permiten aplicar **condiciones múltiples, operadores lógicos, cálculos matemáticos, agrupaciones de registros y combinaciones entre tablas relacionadas**. Este tipo de consultas son las que realmente convierten la base de datos en una herramienta de análisis estratégico.

Elementos clave en las consultas avanzadas:

▸ **Criterios múltiples**: se pueden establecer condiciones simultáneas (ejemplo: facturas de más de 1.000 € emitidas en 2024).

⛏ **Operadores lógicos**: permiten usar "Y" (AND), "O" (OR) y "NO" (NOT).

⛏ **Consultas de parámetros**: solicitan al usuario un valor al ejecutar la consulta (ejemplo: introducir una fecha concreta).

⛏ **Consultas de totales**: realizan cálculos como sumas, promedios o recuentos sobre los datos.

⛏ **Consultas entre tablas**: combinan información de dos o más tablas relacionadas mediante claves.

Ejemplo

Paso a paso de consulta avanzada

Una empresa quiere saber qué clientes han comprado más de 5 productos y han gastado más de 2.000 € en el último trimestre.

Se seleccionan las tablas "Clientes" y "Ventas" vinculadas por el campo "ID Cliente".

En la tabla "Ventas" se aplican los criterios: "Cantidad > 5" y "Importe total > 2000".

Se añade la condición "Fecha" entre 01/04/2025 y 30/06/2025.

El resultado muestra únicamente aquellos clientes que cumplen simultáneamente los tres criterios.

Ejemplo

El resultado devuelve 8 clientes que representan el 40% de la facturación trimestral, información que permite a la empresa priorizar su atención comercial sobre ellos.

Filtros vs consultas

Aspecto	Filtros	Consultas
Complejidad.	Muy baja.	Puede ser básica o muy compleja.
Temporalidad.	Temporales, no se guardan.	Permanentes, se pueden reutilizar.
Ámbito.	Una sola tabla.	Varias tablas relacionadas.
Cálculos y totales.	No permite.	Sí, permite sumas, promedios, etc.
Nivel de usuario necesario.	Usuario principiante.	Usuario intermedio o avanzado.

Conclusión

Las consultas son uno de los pilares fundamentales en la gestión de bases de datos. Su dominio permite transformar un gran volumen de datos en **información útil para la toma de decisiones**. Mientras que las consultas básicas ofrecen rapidez y simplicidad, las avanzadas permiten realizar análisis complejos que aportan un verdadero valor estratégico a la empresa.

Ejemplo

Gracias a las consultas avanzadas, una pyme puede detectar que el 70% de sus ingresos proviene de un grupo reducido de clientes, lo que le permite reforzar la fidelización de ese colectivo y diseñar campañas personalizadas.

Nota

Para el estudiante que se inicia en bases de datos, el paso de los filtros a las consultas supone un salto cualitativo en su aprendizaje. Dominar las consultas básicas es imprescindible antes de abordar las avanzadas, pero una vez adquirida la destreza, el potencial de análisis y gestión que se desbloquea es enorme.

3.3.3 Asistentes de consultas y herramientas complementarias

A medida que los sistemas de gestión de bases de datos se han extendido en el ámbito empresarial, también se ha hecho necesario **facilitar su uso a personas que no son expertas en programación** ni poseen conocimientos técnicos avanzados. En este contexto, surgen los **asistentes de consultas**, herramientas visuales y guiadas que permiten al usuario crear consultas de manera sencilla, siguiendo un proceso paso a paso.

Gracias a los asistentes, incluso un administrativo sin experiencia previa en SQL (Structured Query Language) puede generar consultas que filtren, organicen o combinen datos sin necesidad de escribir una sola línea de código. De este modo, se democratiza el acceso a la información, reduciendo la dependencia del personal informático especializado y mejorando la autonomía de los departamentos administrativos, financieros o de recursos humanos.

Además de los asistentes de consultas, los SGBD incluyen otras herramientas complementarias como **constructores de expresiones, asistentes de relaciones, generadores de informes o exportadores de datos**. Todas estas funciones permiten que el sistema sea más accesible y se adapte mejor a las necesidades específicas de cada empresa.

3.3.3.1 EL ASISTENTE DE CONSULTAS PASO A PASO

Los asistentes de consultas presentan normalmente una interfaz dividida en fases:

- **Selección de la tabla o tablas** sobre las que se quiere trabajar.

- **Elección de los campos** que se desean incluir en la consulta.

- **Definición de criterios básicos o avanzados**, como condiciones de búsqueda o rangos de valores.

- **Ordenación de los resultados** por uno o varios campos.

- **Visualización preliminar** de los resultados antes de guardar la consulta.

Ejemplo

Un administrativo necesita listar todas las facturas superiores a 3.000 € emitidas en el último trimestre. Mediante el asistente, selecciona la tabla "Facturas", elige los campos "Cliente", "Número de factura", "Fecha" e "Importe", establece el criterio "Importe > 3000" y "Fecha entre 01/04/2025 y 30/06/2025", y obtiene un informe listo para su impresión o exportación.

Nota

El uso del asistente no sustituye la comprensión de las consultas, pero constituye una ayuda esencial para quienes están aprendiendo y desean centrarse en la lógica de la búsqueda sin preocuparse del lenguaje técnico.

3.3.3.2 HERRAMIENTAS COMPLEMENTARIAS EN LA CONSTRUCCIÓN DE CONSULTAS

Además de los asistentes básicos, los sistemas gestores suelen incorporar utilidades que amplían las posibilidades del usuario.

a) **Constructor de expresiones**

Permite crear fórmulas y cálculos dentro de una consulta, como calcular el IVA de una factura o concatenar campos.

Ejemplo

En una tabla de "Ventas", se puede generar un campo calculado "Importe con IVA = Importe * 1,21" usando el constructor de expresiones.

b) **Asistente de relaciones**

Facilita la unión entre varias tablas mediante claves primarias y foráneas, sin necesidad de conocer la teoría de la normalización de datos.

Ejemplo

Unir la tabla "Clientes" con la tabla "Pedidos" para obtener qué cliente realizó cada compra.

c) Asistente de consultas de totales

Permite aplicar funciones como suma, promedio o recuento sobre un conjunto de registros.

Ejemplo

Conocer el gasto medio por cliente durante un año seleccionando "Promedio de importe" en el asistente.

d) Generador de informes a partir de consultas

Muchos SGBD permiten crear directamente un informe gráfico a partir de una consulta guardada.

Ejemplo

Convertir una consulta de ventas mensuales en un informe con tablas y gráficos listos para entregar a la dirección.

Ventajas de los asistentes frente a la construcción manual

Aspecto	Asistentes de consultas	Construcción manual (SQL)
Facilidad de uso.	Muy alta, interfaz visual.	Requiere conocimientos de SQL.
Tiempo de aprendizaje.	Corto.	Medio o largo.
Flexibilidad.	Limitada en consultas muy complejas.	Total, admite cualquier instrucción.
Accesibilidad.	Apto para usuarios no técnicos.	Adecuado para usuarios avanzados.
Resultados.	Consultas habituales y de uso frecuente.	Consultas avanzadas y personalizadas.

Nota

Lo ideal en una empresa es combinar ambos enfoques. Los asistentes cubren el 80% de las necesidades cotidianas, mientras que el SQL manual se reserva para casos específicos que exigen un mayor nivel de detalle.

Conclusión

Los asistentes de consultas son una herramienta pedagógica y práctica que permite a cualquier usuario obtener información relevante sin necesidad de dominar la programación. Constituyen un puente entre el nivel básico y el avanzado, facilitando la autonomía de los administrativos en su trabajo diario.

Ejemplo

Una empresa pequeña, sin departamento de informática, puede formar a su personal administrativo en el uso de asistentes de consultas. En pocas semanas, estos son capaces de generar informes de ventas, listados de clientes o análisis de gastos sin necesidad de recurrir a un especialista, lo que ahorra costes y mejora la eficiencia.

Nota

El dominio de los asistentes de consultas no significa conformarse con un nivel superficial. Para los estudiantes que aspiran a una formación completa, es recomendable aprender progresivamente a editar consultas en SQL, aprovechando así lo mejor de ambos mundos: la sencillez de los asistentes y la potencia del lenguaje estructurado.

3.4 PRESENTACIÓN DE LA INFORMACIÓN

En el trabajo administrativo, no basta con almacenar y consultar información: es imprescindible **presentarla de forma clara, estructurada y comprensible** para quienes toman decisiones. Directivos, responsables de departamento o clientes externos necesitan disponer de datos que no solo sean exactos, sino también fáciles de interpretar.

La función de **presentación de la información en bases de datos** responde a esta necesidad. A través de los **informes**, los asistentes de creación y las opciones de exportación, un sistema gestor permite transformar datos brutos en documentos organizados que apoyan la toma de decisiones y la comunicación interna y externa de la empresa.

Un buen informe contable, de ventas o de recursos humanos no solo refleja cifras, sino que cuenta una historia: muestra tendencias, compara periodos, identifica desviaciones y señala áreas de mejora. Por esta razón, aprender a generar informes de calidad constituye una competencia esencial para cualquier profesional administrativo.

En este apartado estudiaremos tres cuestiones fundamentales: la elaboración de informes, los asistentes que facilitan su creación y las posibilidades de exportación a otros formatos.

3.4.1 Elaboración de informes

La elaboración de informes consiste en **dar forma a los datos** para que transmitan un mensaje claro. Los informes permiten organizar la información en tablas, listas, gráficos y secciones con títulos, de manera que un lector sin conocimientos técnicos pueda comprenderlos con facilidad.

Los pasos básicos para elaborar un informe suelen ser los siguientes:

- ▼ **Definir el objetivo del informe**: qué se pretende mostrar (ventas mensuales, gastos por departamento, número de incidencias, etc.).

- ▼ **Seleccionar los datos de origen**: normalmente proceden de una o varias tablas o de consultas previamente creadas.

- ▼ **Organizar la estructura del informe**: incluir encabezados, subtítulos, totales y, si procede, gráficos o resúmenes.

- ▼ **Dar formato visual**: aplicar colores, logotipos corporativos, fuentes legibles y una distribución clara.

- ▼ **Revisar y validar la información**: comprobar que los datos son correctos, completos y están actualizados.

Ejemplo

Un informe de facturación trimestral puede estructurarse mostrando primero el listado de facturas, luego los totales por cliente y, finalmente, un gráfico que muestre la evolución de las ventas en ese periodo.

Nota

Un informe mal estructurado puede ser tan inútil como no tener datos. La claridad, la coherencia y la adecuación al destinatario son tan importantes como la exactitud de la información.

3.4.2 Asistentes para la creación de informes

Los sistemas gestores de bases de datos suelen incluir **asistentes que facilitan el diseño de informes**, permitiendo a los usuarios sin conocimientos avanzados de diseño gráfico o programación generar documentos útiles en pocos minutos.

El asistente guía al usuario en fases sucesivas:

- Selección de la tabla o consulta origen.
- Elección de los campos a mostrar en el informe.
- Definición de criterios de agrupación (por ejemplo, agrupar por cliente, por fecha o por producto).
- Aplicación de cálculos automáticos (sumas, promedios, porcentajes).
- Configuración del diseño (columna, tabular, justificado).
- Inclusión de logotipos, encabezados o pies de página.
- Visualización preliminar y posibilidad de ajustes antes de guardar.

Ejemplo

Un administrativo necesita presentar un informe de gastos por departamento. Mediante el asistente selecciona la tabla "Gastos", elige los campos "Departamento", "Concepto" e "Importe", agrupa los datos por "Departamento" y añade una suma total para cada uno. El resultado es un documento que puede imprimirse o enviarse directamente a la dirección.

Nota

Aunque los asistentes son muy prácticos, un usuario avanzado puede personalizar los informes de manera manual para ajustarlos aún más a las necesidades específicas de la empresa.

3.4.3 Exportación y presentación en otros formatos

Una de las ventajas de los SGBD modernos es la posibilidad de **exportar la información a distintos formatos**, lo que facilita su difusión y utilización en contextos diversos.

Los formatos más habituales son:

a) **PDF**: ideal para informes definitivos que no deben ser modificados.

b) **Excel (XLSX/CSV)**: permite realizar cálculos adicionales, gráficos personalizados y análisis dinámicos.

c) **HTML**: posibilita la publicación de informes en páginas web o intranets corporativas.

d) **Word (DOCX)**: útil cuando se necesita combinar los datos con comentarios o explicaciones textuales más extensas.

Ejemplo

Una empresa prepara un informe de ventas semestrales. Lo exporta en PDF para enviarlo a la dirección, en Excel para que el equipo financiero pueda hacer simulaciones, y en HTML para publicarlo en la intranet y que todos los departamentos lo consulten.

Nota

Elegir el formato adecuado depende del propósito del informe. Para uso interno y análisis detallado, Excel es la mejor opción; para comunicaciones formales con clientes o instituciones, el PDF es más recomendable.

Conclusión

La presentación de la información es el puente entre los datos y la toma de decisiones. Un informe bien diseñado convierte miles de registros en un documento comprensible que facilita el trabajo de los responsables de la organización.

Ejemplo

En lugar de entregar un listado interminable de ventas, un administrativo genera un informe resumido por cliente y producto, acompañado de un gráfico comparativo. Esto permite al director comercial detectar en segundos qué productos son más rentables y qué clientes generan mayor volumen de negocio.

Nota

El dominio de la elaboración de informes y de las opciones de exportación aumenta la autonomía y la eficiencia del profesional administrativo, aportando un valor añadido fundamental en su labor diaria.

3.5 INTERRELACIÓN CON OTRAS APLICACIONES

En el entorno empresarial actual, una base de datos no funciona de manera aislada. Al contrario, necesita interactuar con otras aplicaciones que forman parte del ecosistema de gestión de la empresa. Programas como las **hojas de cálculo, procesadores de texto o sistemas de gestión empresarial (ERP, CRM, programas contables, etc.)** se convierten en aliados indispensables para transformar la información almacenada en la base de datos en informes, presentaciones o procesos automatizados.

La capacidad de interrelación multiplica el valor de la base de datos, ya que permite que los datos fluyan sin necesidad de duplicarlos manualmente. Esto reduce errores, ahorra tiempo y garantiza una mayor coherencia en la gestión de la información.

En este apartado estudiaremos dos grandes bloques: la conexión de la base de datos con hojas de cálculo y procesadores de texto, y la vinculación con sistemas de gestión empresarial más complejos.

3.5.1 Conexión con hojas de cálculo y procesadores de texto

Las **hojas de cálculo** (como Excel o Calc de LibreOffice) y los **procesadores de texto** (como Word o Writer) son herramientas habituales en cualquier oficina. Aunque no están diseñados específicamente para gestionar grandes volúmenes de datos como los SGBD, resultan muy útiles para presentar, analizar y difundir información contenida en bases de datos.

Principales usos de la conexión con hojas de cálculo:

▸ Realizar **análisis adicionales** a partir de datos exportados, como gráficos dinámicos o tablas comparativas.

▸ Preparar **simulaciones financieras** utilizando fórmulas avanzadas de Excel sobre datos de ventas o gastos.

▸ Elaborar **informes personalizados** que combinen tablas dinámicas con gráficos de tendencia.

Ejemplo

Un administrativo exporta los datos de facturación desde la base de datos a Excel. Allí crea una tabla dinámica que agrupa las ventas por trimestre y añade un gráfico comparativo de ingresos, lo que facilita la presentación en una reunión de dirección.

Principales usos de la conexión con procesadores de texto:

▸ Generar **cartas personalizadas** a clientes mediante combinación de correspondencia.

▸ Elaborar **contratos o certificados** con datos extraídos directamente de la base de datos.

▸ Insertar en documentos oficiales **tablas o listados actualizados** sin necesidad de transcribirlos manualmente.

Ejemplo

El área de recursos humanos extrae de la base de datos los nombres, direcciones y fechas de contratación de los empleados, y los vincula con una plantilla en Word para emitir cartas personalizadas de renovación de contrato.

Hojas de cálculo vs procesadores de texto en interrelación con bases de datos

Aspecto	Hojas de cálculo	Procesadores de texto
Función principal.	Análisis numérico y gráfico.	Elaboración de documentos textuales.
Tipo de salida.	Informes financieros, gráficos, tablas dinámicas.	Cartas, contratos, documentos formales.
Nivel de automatización.	Alto (fórmulas, macros).	Medio (combinación de correspondencia).
Destinatario habitual.	Dirección, área financiera.	Clientes, empleados, proveedores.

Nota

La clave está en elegir la herramienta adecuada según el objetivo. Si se busca un análisis profundo de cifras, Excel será más útil; si lo que se necesita es generar documentación personalizada, Word resulta la mejor opción.

3.5.2 Vinculación con sistemas de gestión empresarial

Las empresas modernas utilizan aplicaciones de gestión empresarial que centralizan sus operaciones:

- **ERP (Enterprise Resource Planning):** integran áreas como contabilidad, compras, ventas, inventarios y recursos humanos.

- **CRM (Customer Relationship Management):** orientados a la gestión de clientes, ventas y marketing.

- **Programas contables o fiscales:** específicos para cumplir con la normativa mercantil y tributaria.

La interrelación entre estas aplicaciones y las bases de datos es fundamental, ya que la mayoría se sustentan sobre un motor de base de datos (SQL Server, MySQL, PostgreSQL, Oracle).

Beneficios de la vinculación con sistemas de gestión:

▼ **Centralización:** evita duplicidades, ya que todos los departamentos trabajan sobre la misma información.

▼ **Actualización automática:** cualquier cambio registrado en una aplicación (por ejemplo, una venta) se refleja en los módulos de contabilidad, inventario o logística.

▼ **Mayor control y trazabilidad:** se pueden generar reportes en tiempo real que cruzan información de diferentes áreas.

▼ **Escalabilidad:** al crecer la empresa, la base de datos puede adaptarse a nuevas aplicaciones y módulos.

Ejemplo

Una empresa de distribución utiliza un ERP basado en bases de datos relacionales. Cuando un comercial registra un pedido en el CRM, este se refleja automáticamente en el ERP, que descuenta las unidades del inventario y genera el asiento contable correspondiente.

Nota

Cuando una base de datos se conecta a múltiples aplicaciones, es fundamental reforzar la seguridad: los accesos deben estar restringidos, los permisos bien definidos y deben existir protocolos de copia de seguridad frecuentes.

Conclusión

La interrelación con otras aplicaciones convierte a las bases de datos en el **centro neurálgico de la gestión administrativa**. La conexión con hojas de cálculo y procesadores de texto potencia la capacidad de análisis y la elaboración de documentos formales, mientras que la vinculación con sistemas de gestión empresarial asegura que la información fluya de manera coherente y centralizada.

Ejemplo

Gracias a esta interrelación, un pedido realizado por un cliente puede generar automáticamente la factura, actualizar el inventario, modificar los indicadores de ventas en la base de datos y, finalmente, reflejarse en un informe financiero trimestral exportado a Excel.

Nota

Comprender estas interacciones prepara al estudiante para trabajar en entornos empresariales reales, donde las bases de datos no son islas, sino parte de un sistema integrado que garantiza eficiencia y competitividad.

3.6 SEGURIDAD Y CONFIDENCIALIDAD EN BASES DE DATOS

La gestión de bases de datos no se limita únicamente a almacenar y organizar información; también exige garantizar que esa información permanezca **segura, íntegra y accesible solo para las personas autorizadas**. En el contexto actual, en el que la mayoría de las organizaciones trabajan con datos personales, financieros, laborales y comerciales, la **seguridad y la confidencialidad** se han convertido en un aspecto estratégico y en una obligación legal.

El mal uso o la filtración de datos puede tener graves consecuencias: desde sanciones económicas hasta la pérdida de confianza de clientes y proveedores. Por ello, los profesionales administrativos y técnicos deben comprender no solo las medidas técnicas de protección, sino también el marco normativo que regula el tratamiento de la información.

En este apartado abordaremos dos ejes fundamentales: la **normativa vigente sobre protección de datos** y los **procedimientos de seguridad aplicables al manejo de información** en bases de datos.

3.6.1 Normativa vigente sobre protección de datos

En España y en la Unión Europea, el tratamiento de la información personal está regulado por un marco jurídico sólido que toda organización debe cumplir.

Principales normativas aplicables:

- **Reglamento General de Protección de Datos (RGPD – UE 2016/679):** establece los principios básicos de tratamiento, los derechos de las personas (acceso, rectificación, supresión, portabilidad, limitación y oposición) y las obligaciones de las empresas en materia de seguridad y confidencialidad.
- **Ley Orgánica de Protección de Datos Personales y garantía de los derechos digitales (LOPDGDD – España, 2018):** adapta el RGPD al ordenamiento jurídico español y concretas obligaciones específicas, como la protección de datos en el ámbito laboral.
- **Normativa sectorial:** en algunos casos, la normativa añade obligaciones específicas. Ejemplo: en el sector sanitario, la Ley de Autonomía del Paciente regula el acceso y tratamiento de historiales clínicos.

Ejemplo

Si una empresa de formación recoge datos de sus alumnos (nombre, correo electrónico, historial académico), debe contar con el consentimiento explícito de los interesados, asegurar que solo se usen para fines legítimos (gestión de cursos) y permitir que cada alumno pueda solicitar la eliminación de sus datos una vez finalizado el servicio.

Nota

El incumplimiento de estas normativas puede conllevar sanciones económicas que oscilan entre miles y millones de euros, dependiendo de la gravedad de la infracción y del volumen de datos afectados.

3.6.2 Procedimientos de seguridad en el manejo de información

Además de conocer la normativa, es fundamental aplicar **procedimientos prácticos** que aseguren la protección de la información dentro de la base de datos y en su interacción con otras aplicaciones.

a) **Control de accesos**

El acceso a la base de datos debe limitarse a los usuarios autorizados mediante sistemas de autenticación (contraseñas seguras, autenticación en dos pasos, certificados digitales).

Ejemplo

En una empresa, el personal de contabilidad puede acceder a los registros financieros, pero no a la información del departamento de recursos humanos, que está restringida solo al área correspondiente.

b) **Encriptación de la información**

Los datos sensibles deben cifrarse tanto en reposo (cuando se almacenan en el servidor) como en tránsito (cuando se transmiten por la red). Esto garantiza que, aunque la información sea interceptada, no pueda ser leída sin la clave de desencriptación.

Ejemplo

Las contraseñas almacenadas en una base de datos no deben guardarse en texto plano, sino en formato encriptado.

c) **Copias de seguridad y planes de recuperación**

Las bases de datos deben contar con **copias de seguridad periódicas**, que permitan restaurar la información en caso de fallo técnico, error humano o ciberataque.

Ejemplo

Una gestoría realiza copias de seguridad diarias de su base de datos de clientes, guardándolas en servidores externos seguros y en la nube para garantizar la continuidad del negocio.

d) **Auditorías y monitorización**

La seguridad exige un control continuo. Mediante registros de actividad (logs) se supervisa quién accede a la base de datos, qué cambios realiza y cuándo lo hace.

Ejemplo

Si un empleado intenta acceder fuera de su horario laboral a datos restringidos, el sistema lo detecta y genera una alerta para revisión.

e) **Actualización de software**

Los sistemas gestores de bases de datos (SGBD) deben mantenerse actualizados con los últimos parches de seguridad. Muchas brechas de seguridad se producen porque las empresas utilizan versiones antiguas y vulnerables.

Medidas técnicas de seguridad

Procedimiento	Finalidad	Beneficio principal
Control de accesos.	Limitar acceso a usuarios autorizados.	Protege la confidencialidad.
Encriptación.	Codificar los datos sensibles.	Evita lecturas no autorizadas.
Copias de seguridad.	Recuperar la información ante incidentes.	Garantiza continuidad del negocio.
Auditorías y monitorización.	Detectar accesos sospechosos y malas prácticas.	Mejora el control interno.
Actualización de software.	Corregir vulnerabilidades.	Refuerza la protección del sistema.

Conclusión

La seguridad y la confidencialidad en las bases de datos son **responsabilidad compartida** entre la tecnología y las personas. Conocer la normativa (RGPD, LOPDGDD) es el primer paso, pero debe complementarse con procedimientos técnicos que garanticen la integridad de los datos.

Ejemplo

Una empresa que combina medidas técnicas (copias de seguridad, encriptación, control de accesos) con un adecuado conocimiento normativo puede afrontar con éxito una auditoría de la Agencia Española de Protección de Datos sin riesgo de sanciones ni de pérdida de confianza por parte de sus clientes.

Nota

Un profesional administrativo debe comprender que proteger los datos no es solo cumplir con la ley, sino también construir un entorno de confianza que aporta valor añadido a la organización.

3.7 CUESTIONARIO – CAPÍTULO 3

1. Una base de datos se define como:

a) Un conjunto de archivos almacenados sin orden.

b) Un conjunto organizado de información estructurada que puede gestionarse mediante un sistema específico.

c) Un documento de texto que guarda datos de manera secuencial.

d) Un programa informático para crear gráficos.

2. Las bases de datos relacionales se caracterizan por:

a) Organizar la información en forma de tablas relacionadas entre sí.

b) Almacenar los datos en una única lista sin estructura.

c) No permitir vínculos entre distintos registros.

d) Ser exclusivas para grandes empresas.

3. En una base de datos, la clave primaria sirve para:

a) Determinar el formato del informe final.

b) Identificar de forma única cada registro dentro de una tabla.

c) Calcular automáticamente sumas o totales.

d) Enlazar el sistema con hojas de cálculo.

4. Los formularios en una aplicación de bases de datos se utilizan para:

a) Generar copias de seguridad.

b) Introducir, modificar o eliminar información de manera más cómoda y controlada.

c) Crear vínculos entre aplicaciones ofimáticas.

d) Diseñar informes estadísticos.

5. El uso de filtros permite:

a) Organizar la información alfabéticamente.

b) Mostrar únicamente los registros que cumplen una condición determinada.

c) Realizar cálculos matemáticos sobre los datos.

d) Cambiar el formato de visualización de los formularios.

6. La diferencia entre una consulta y un filtro es que:

a) La consulta permite trabajar con varias tablas o realizar cálculos, mientras que el filtro es más limitado.

b) El filtro realiza operaciones más avanzadas que la consulta.

c) Ambos son exactamente iguales.

d) Solo el filtro permite ordenar los resultados.

7. Los informes en una base de datos tienen como finalidad:

a) Facilitar la introducción de datos mediante plantillas.

b) Presentar la información de manera estructurada y legible para su análisis o impresión.

c) Conectar la base de datos con otras aplicaciones.

d) Actualizar automáticamente los registros duplicados.

8. La vinculación de una base de datos con una hoja de cálculo permite:

a) Modificar el diseño del sistema operativo.

b) Automatizar el traspaso y actualización de datos entre ambas aplicaciones.

c) Cambiar la extensión de los archivos.

d) Eliminar duplicidades sin verificación previa.

9. Para garantizar la seguridad de la información en una base de datos se debe:

a) Permitir el acceso a todos los usuarios de la empresa.

b) Desactivar temporalmente las contraseñas para agilizar el trabajo.

c) Establecer permisos de acceso diferenciados y realizar copias de seguridad periódicas.

d) Almacenar todos los archivos en un único equipo sin red.

10. La normativa vigente que regula la protección de datos personales en bases de datos es:

a) La Ley General de Contabilidad.

b) El Reglamento General de Protección de Datos (RGPD) y la Ley Orgánica 3/2018.

c) El Estatuto de los Trabajadores.

d) El Real Decreto 1514/2007.

Respuestas correctas

1. b) Un conjunto organizado de información estructurada que puede gestionarse mediante un sistema específico.

2. a) Organizar la información en forma de tablas relacionadas entre sí.

3. b) Identificar de forma única cada registro dentro de una tabla.

4. b) Introducir, modificar o eliminar información de manera más cómoda y controlada.

5. b) Mostrar únicamente los registros que cumplen una condición determinada.

6. a) La consulta permite trabajar con varias tablas o realizar cálculos, mientras que el filtro es más limitado.

7. b) Presentar la información de manera estructurada y legible para su análisis o impresión.

8. b) Automatizar el traspaso y actualización de datos entre ambas aplicaciones.

9. c) Establecer permisos de acceso diferenciados y realizar copias de seguridad periódicas.

10. b) El Reglamento General de Protección de Datos (RGPD) y la Ley Orgánica 3/2018.

SÍGUENOS EN INSTAGRAM Y ACCEDE GRATIS A NUESTRA BIBLIOTECA DIGITAL DURANTE 30 DÍAS.

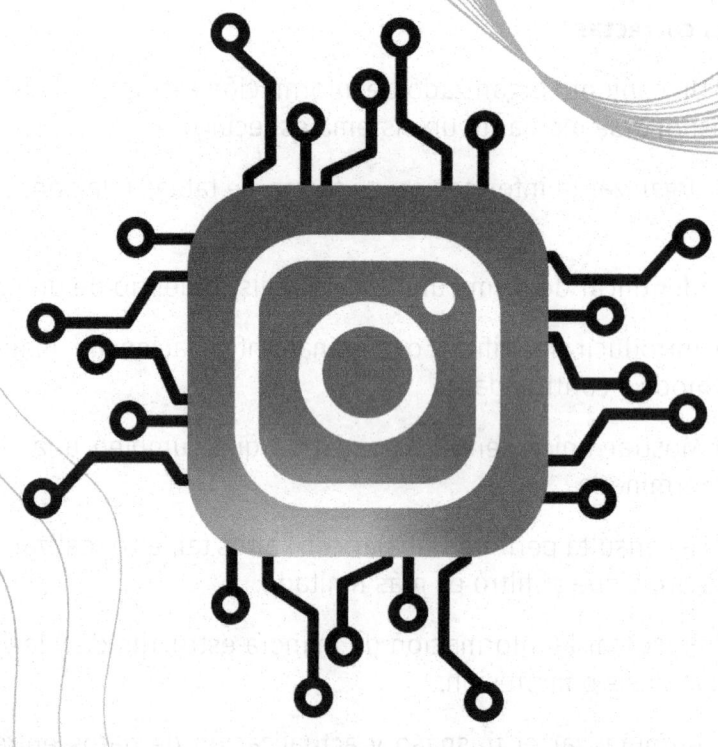

@grupoeditorialrama

¡ENVÍANOS TU MAIL POR PRIVADO!

Grupo Editorial
ra-ma

40 ANIVERSARIO